CLAN 7 INICIAL

LIBRO DEL PROFESOR

Edi numen

Clan 7 Inicial
© Editorial Edinumen, 2020

PREISSMURPHY
A&A Education Group

PO Box 1529, Corvallis, OR, USA 97339 info@preissmurphy.com

PREISS MURPHY and PREISS MURPHY SCHOOL PUBLISHERS are trademarks of Preiss Murphy A&A Education Group. Database rights Preiss Murphy A&A Education Group (maker).

Autores: © Richard Anner and Mary Ransaw

Coordinación: David Isa

ISBN: 978-84-9179-419-6

Depósito Legal: M-4303-2020
Impreso en España
Printed in Spain
0320

Diseño de cubierta: Carlos Casado

Música y letra: M.ª Idoia Sáez de Ibarra
Teclados y arreglos: M.ª Idoia Sáez de Ibarra y Fernando Camacho
Voces: M.ª Idoia Sáez de Ibarra, Miriam Camacho y Francisco Camacho
Estudio: Aire Estudio

Impresión: Gráficas Muriel

Editorial Edinumen
José Celestino Mutis, 4.
28028 Madrid. España
Teléfono: (34) 91 308 51 42
Fax: (34) 91 319 93 09
Correo electrónico: edinumen@edinumen.es
www.edinumen.es

Índice

BIENVENIDOS A *CLAN 7 INICIAL*

Clan 7 Inicial es un curso de español, divertido y dinámico, para niños y niñas de 5 y 6 años con actividades variadas, juegos y canciones. *Clan 7 Inicial* es una introducción divertida y dinámica al español que tiene como objetivo desarrollar la competencia de los niños de Educación Primaria. El curso les proporciona una base sólida en habilidades de alfabetización y numeración. Esto se logra a través de los personajes del libro, de las historias que escuchan, de los juegos a los que juegan y de las canciones que cantan.

OBJETIVOS

Los objetivos de *Clan 7 Inicial* son los siguientes:

- Desarrollar las habilidades lingüísticas que brindan a los niños una base sólida en español.
- Desarrollar la comprensión básica y la capacidad de usar el español en contextos significativos y apropiados para su edad.
- Establecer una actitud positiva hacia el aprendizaje del español.
- Presentar los nombres y los sonidos de todas las letras para que los niños se familiaricen con el abecedario español.

COMPONENTES DEL CURSO

Libro del alumno

El *Libro del alumno* contiene magníficas ilustraciones a color junto con un formato simple y atractivo. Estas atractivas ilustraciones captarán la atención de los niños y niñas, manteniendo su interés a través de todo el libro. Contiene el vocabulario, las historias, las canciones y los juegos que permitirán a los niños conocer los objetivos del curso.

El *Libro del alumno* incluye tres sesiones introductorias (*Bienvenidos, Comenzamos* y *Normas de clase*) y diez unidades didácticas. Cada unidad contiene ocho páginas que abarcan estas siete sesiones:

- Sesión 1: Vocabulario
- Sesión 2: Estructura
- Sesión 3: Fonética
- Sesión 4: Números
- Sesión 5: Cómic
- Sesión 6: Canción
- Sesión 7: Actividades

En la parte superior de cada página hay un pequeño recuadro que muestra al docente los contenidos y las actividades de esa sesión. Esta información no está destinada al alumnado.
La brevedad de las unidades permite que los niños y niñas progresen rápidamente, lo que les da una mayor motivación y confianza.

Cuaderno de actividades

El *Cuaderno de actividades* es una extensión del *Libro del alumno*. Con este material los niños y niñas tienen más oportunidades para practicar lo aprendido en el *Libro del alumno*.

Cada unidad del *Cuaderno de actividades* contiene ocho páginas llenas de ejercicios variados que tienen en cuenta los diferentes estilos de aprendizaje. El *Cuaderno de actividades* desarrolla la comprensión lectora, la expresión escrita, la competencia matemática o numérica, las habilidades lingüísticas y la motricidad fina, a través de actividades divertidas y motivadoras. También incorpora el desarrollo de la expresión oral, ya que algunas de las actividades son de producción oral. Las actividades son fáciles y divertidas de hacer, siguiendo la filosofía de que todos los niños quieren y pueden tener éxito. El *Cuaderno de actividades* es lo suficientemente flexible como para ser usado tanto dentro como fuera del aula.

Libro de los números

El *Libro de los números* permite que el trabajo con los números sea divertido. Los niños y niñas cuentan y relacionan, unen los puntos numéricos, trazan y escriben los números y hacen otras actividades divertidas y atractivas.
Al final del *Libro de los números*, los niños y niñas podrán:

- Escribir los números del 1 al 10.
- Escribir en letras los números del 1 al 10.
- Contar hasta diez objetos.
- Agrupar hasta diez objetos.
- Completar las sumas.

Libro del profesor

El *Libro del profesor* proporciona a los docentes la manera más efectiva de utilizar el *Libro del alumno*. Es un material claro y fácil de usar.

La planificación de cada sesión contiene actividades diseñadas para presentar, practicar y reforzar el nuevo idioma. El libro ofrece una planificación paso a paso, con pautas y consejos en todo momento, que permitirá a los docentes tener confianza en el proceso de enseñanza y a los estudiantes, obtener un mayor beneficio en cada lección.

La Guía de recursos para el profesor proporciona a los maestros las técnicas y habilidades necesarias para enseñar sus lecciones y ofrece sugerencias útiles para la gestión del aula.

Se proporcionan listas de fonética y de palabras de cada unidad.

Los certificados de recompensa pueden ser ofrecidos a los niños y niñas que logran y que completan los objetivos a lo largo del curso.

Las transcripciones de los audios se incluyen en las notas del profesor.

Audiciones del Libro del alumno

Las audiciones, incluidas en la plataforma *online* ELEteca, contienen todo el material de audio de *Clan 7 Inicial*, incluidos el nuevo vocabulario, los diálogos, los cómics y las canciones. Los niños y niñas se divertirán escuchando cómo hablantes nativos de español leen las historias y les ayudan a través de las diferentes actividades del libro. Cada unidad se complementa con canciones animadas y divertidas, que hacen que los niños y niñas se involucren al máximo por el aprendizaje del español.

Cartera de recursos para el profesor

La cartera de recursos para el profesor incluye pósteres, para colgar en el aula, que ofrecen un apoyo visual en la enseñanza de las unidades. También incluye tarjetas de vocabulario, de letras y de números que proporcionan al maestro los medios para involucrar a los estudiantes en las actividades y mejoran el aprendizaje de los niños y niñas.

ESTRUCTURA DE CADA UNIDAD

Estructura del *Libro del alumno*

Sesión 1

La sesión 1 está dedicada al vocabulario. Cada sesión introduce siete nuevas palabras de vocabulario. Las dos primeras páginas de cada unidad ofrecen una imagen animada y atractiva de una escena donde aparecen los personajes del curso.

Sesión 2

La sesión 2 está dedicada a la estructura. Consta de una página donde se introducen una o dos estructuras nuevas. Esta sesión presenta la estructura gramatical a través de un diálogo. En este diálogo se utiliza el contenido gramatical de una forma natural para ayudar a los niños a utilizar el español en contexto.

Sesión 3

La sesión 3 está dedicada a la fonética. Cada unidad consta de una página donde se presentan dos o tres letras nuevas.

Sesión 4

La sesión 4 está dedicada a los números. Cada unidad consta de una página donde los niños y niñas aprenden los números del 1 al 10, tanto en cifra como en letra.

Sesión 5

La sesión 5 está dedicada a un cómic. Cada unidad consta de una página con una historia simple donde aparecen los personajes del libro en situaciones humorísticas, relevantes y reflexivas.

Sesión 6

La sesión 6 está dedicada a una canción. Cada unidad dedica una página a una canción que repasa el vocabulario y/o la estructura de la unidad. Los niños se divierten escuchando y cantando mientras consolidan lo aprendido.

Sesión 7

La sesión 7 está dedicada a reforzar las letras que han aprendido en la unidad. Cada unidad dedica una página a actividades que revisan las letras y practican su trazo y su escritura.

Estructura del *Cuaderno de actividades*

El *Cuaderno de actividades* tiene la misma estructura que el *Libro del alumno*. Cada unidad contiene ocho páginas con actividades útiles y divertidas. Los niños y niñas revisan, practican y consolidan el español que han aprendido en el *Libro del alumno*.

LAS CUATRO HABILIDADES

Clan 7 Inicial desarrolla las cuatro habilidades lingüísticas de hablar, escuchar, leer y escribir.

Hablar
Los niños hablan en cada sesión. Las actividades de expresión oral están presentes a través de una amplia gama de dinámicas, incluyendo actividades de escuchar y decir, de preguntas y respuestas, de juegos de rol y de comunicación.

Escuchar
La comprensión auditiva es una habilidad importante para los más pequeños, y es probable que muchos niños comiencen a entender antes de que puedan hablar con confianza. En cada sesión hay una actividad de audio donde van a escuchar nuevas palabras de vocabulario, estructuras y conversaciones, letras y sonidos, números, historias y canciones.

Leer
La comprensión lectora en *Clan 7 Inicial* se presenta principalmente a través de la fonética. En *Clan 7 Inicial*, los niños:

- Aprenden a leer e identificar sonidos simples.
- Aprenden a relacionar sonidos.
- Aprender a identificar vocales.
- Aprender a leer palabras frecuentes.
- Identificar el texto escrito con lo que han escuchado.

Escribir
Clan 7 Inicial aborda la habilidad de escribir de manera limitada y controlada. Un método controlado ayuda a garantizar que la escritura de los niños sea clara y legible. Los niños aprenderán a escribir las letras sueltas correctamente en esta etapa inicial, para que puedan pasar sin problemas a una fase de escritura ligada. La escritura se limita a las letras del alfabeto y palabras simples. En *Clan 7 Inicial* los niños:

- Practican escribiendo las letras del alfabeto.
- Aprenden a escribir palabras simples.
- Desarrollan aún más su control del lápiz y la psicomotricidad fina.

GUÍA DE RECURSOS DEL PROFESOR

Características de los jóvenes aprendices

Desarrollo intelectual
Los niños de 5 y 6 años comienzan a usar la lógica para comprender las cosas, pero en esta etapa no pueden comprender las reglas abstractas y la lógica. Como resultado, los conceptos abstractos y la gramática no se enseñan directamente en esta etapa. Por ejemplo, para enseñar el concepto gramatical de los plurales, el maestro utilizará objetos reales como bolígrafos, en vez de poner ejemplo de palabras en singular y en plural.

Capacidad de concentración
Los niños tienen períodos de atención cortos. Sin embargo, el uso de estímulos visuales en el aula puede prolongar su atención durante períodos más largos de tiempo. *Clan 7 Inicial* recomienda poner en la pizarra los pósteres y las tarjetas ilustrativas durante toda la sesión. Para mantener la atención de sus alumnos, no dedique demasiado tiempo a una actividad, deje una actividad sin terminar si es necesario para mantener la atención de la clase y ralentice o acelere el ritmo de una actividad para dar variedad y mantener la motivación.

Información sensorial
Todos los niños y niñas tienen un estilo de aprendizaje diferente. Los alumnos visuales prefieren mirar las imágenes. Los alumnos auditivos prefieren escuchar. Los alumnos táctiles aprenden haciendo y tocando.
Clan 7 Inicial tiene una variedad de actividades que abordan los diferentes estilos de aprendizaje de los niños. *Clan 7 Inicial* les da oportunidades para escuchar historias y canciones, hablar sobre imágenes y los pósteres y representar las conversaciones.

Desarrollo de la psicomotricidad fina
Los niños de 5 y 6 apenas comienzan a usar sus manos para escribir y dibujar. Estas actividades requieren coordinación y control, que la mayoría de los niños todavía no poseen. Como consecuencia, reconozca que los niños y niñas en estas etapas están desarrollando la psicomotricidad fina y que es habitual el uso de una escritura grande y deformada.
Clan 7 Inicial contiene numerosas actividades para ayudar en el desarrollo de la psicomotricidad fina con actividades de trazado, dibujo y coloreado.

Procedimientos generales de enseñanza

Enseñanza de la fonética

Los procedimientos generales son los siguientes:

- Presente el primer sonido de la palabra. Escriba la letra en la pizarra.
- Diga el resto de los sonidos de la palabra.
- Introduzca otra palabra con el mismo sonido.

Enseñanza de la escritura

Introduzca a los niños en la escritura manual gradualmente. Trazar las letras con los dedos en el aire y en sus libros es un ejercicio muy beneficioso.

Los procedimientos generales son los siguientes:

- Haga que los niños tracen las letras con los dedos en sus libros.
- Cuando los niños tracen y escriban letras con lápices, asegúrese de que están sosteniendo los lápices y formando las letras correctamente.
- Dibuje líneas de escritura en la pizarra. Llame a los niños a la pizarra para escribir las letras mayúsculas y minúsculas en las líneas para practicar más.

Enseñanza de las historias y de los diálogos

A los niños les gusta actuar y jugar, pero no solo es divertido para ellos, sino también beneficioso. Les da la oportunidad de usar su imaginación, dar sentido al mundo y expresar sus sentimientos y pensamientos. Las historias crean un contexto natural para introducir y practicar el lenguaje. Cada unidad de *Clan 7 Inicial* incluye una historia relevante, divertida y animada.

Los procedimientos generales son los siguientes:

- Establezca el contexto para la historia o el diálogo haciendo preguntas a los niños sobre las imágenes que acompañan a la historia.
- Los niños miran las imágenes mientras escuchan la historia.
- Los niños escuchan nuevamente y repiten coralmente.
- Invite a los niños a salir a la pizarra para representar la historia. Para hacerlo más divertido, use accesorios, tarjetas, objetos reales, etc.

Enseñanza de las canciones

Las canciones, los ritmos y las melodías son herramientas efectivas para enseñar y practicar el lenguaje mientras los niños se divierten. *Clan 7 Inicial* presenta una canción por unidad.

Los procedimientos generales son los siguientes:

- Establezca el contexto de la canción haciendo preguntas a los niños sobre las imágenes.
- Explique cualquier vocabulario nuevo utilizando objetos reales, tarjetas, imágenes, dibujos en la pizarra, imitaciones, etc.
- Los niños escuchan la canción mientras observan las imágenes en sus libros.
- Los niños cantan mientras escuchan de nuevo.
- Invite a algunos niños a salir a la pizarra y a representar la canción. Para hacerlo más divertido, use accesorios, tarjetas, objetos reales, etc.

Evaluación

Clan 7 Inicial ofrece una evaluación continua del aprendizaje de los niños y niñas al proporcionar test de progreso no solo para cada unidad, sino también un test de progreso final.

La evaluación ayuda a:

» Determinar las fortalezas y debilidades de los niños y niñas.
» Determinar qué ha aprendido la clase y qué necesita más atención.
» Dar retroalimentación a los niños, a los padres y a otros maestros.

Los test de progreso se pueden utilizar de diferentes maneras, ya sea en el aula o para casa.

El formulario de evaluación fotocopiable de *Clan 7 Inicial* está diseñado para usarse en todas las unidades. Elija los objetivos que desee evaluar y escríbalos en la parte inferior del cuadro del formulario de evaluación. Cada formulario le permite evaluar hasta siete objetivos. En esta etapa la evaluación es más informativa que evaluativa. Se sugiere también seguir el sistema de evaluación propuesto en el *Cuaderno de ejercicios*, con huella verdes y amarillas, o escribiendo en el formulario las claves de evaluación.

OC = Objetivo cumplido. OP = Objetivo cumplido parcialmente. ON = Objetivo no cumplido en este momento.

FORMULARIO DE EVALUACIÓN:

UNIDAD ____________

Clave de evaluación
OC = Ha cumplido el objetivo.
OP = Ha cumplido el objetivo parcialmente.
ON = No ha cumplido el objetivo en este momento.

Alumno/a	1	2	3	4	5	6	7

Sesión 1 ____ Objetivo: ______________________
Sesión 2 ____ Objetivo: ______________________
Sesión 3 ____ Objetivo: ______________________
Sesión 4 ____ Objetivo: ______________________
Sesión 5 ____ Objetivo: ______________________
Sesión 6 ____ Objetivo: ______________________
Sesión 7 ____ Objetivo: ______________________

¡ENHORABUENA!

____

TÚ ERES UN/UNA ESTUDIANTE ☆ ESTRELLA

COLEGIO: ______________________________

FIRMADO: ______________________________

DÍA: ______________________________

CONTENIDOS

BIENVENIDOS

UNIDAD	TÍTULO	VOCABULARIO	ESTRUCTURA
1	**Este soy yo**	*Beni, Lola, Juan, Sara, Ana, Pablo, Carlos.*	*Hola, soy (nombre).* *¿Cómo estás? Estoy bien, gracias.* *Adiós.*
2	**Mi familia**	*Tía, hermano, papá, abuela, abuelo, mamá, hermana.*	Él es mi papá. Ella es mi mamá. Él es mi hermano.
3	**Mi colegio**	*Colorear, dibujar, jugar, leer, cantar, hablar, escribir.*	*Yo canto.* *Yo leo.* *Yo juego.*
4	**Mis juguetes**	*Globo, cubos, barco, coche, robot, muñeca, peluche, yoyó.*	*Este es mi globo.* *Este es mi coche.* *Este es tu yoyó.*
5	**Mi clase**	*Pizarra, silla, dibujo, planta, mesa, papelera, ventana.*	*¿Qué es esto? Es una silla.* *¿Qué es esto? Es un dibujo.* *¿Qué es esto? Es una ventana.*
6	**Mi ropa**	*Vestido, chaqueta, pantalones, camisa, zapatos, falda, calcetines.*	*Yo tengo una camisa.* *Yo tengo un vestido.* *Yo tengo unos zapatos.*
7	**La granja**	*Gallina, vaca, hierba, caballo, conejo, oveja, sol.*	*¿Es un conejo? Sí.* *¿Es una vaca? No.* *¿Es un caballo? Sí.*
8	**Mi cuerpo**	*Oreja, ojo, mano, cabeza, pierna, boca, nariz.*	*¿Cuántas? Una nariz.* *¿Cuántos? Dos ojos.* *¿Cuántas? Dos piernas.*
9	**La comida**	*Plátano, pan, zanahoria, pepino, bocadillo, tomate, agua.*	*Me gusta el plátano.* *Me gusta el zumo.* *No me gusta la sopa.*
10	**¡Es fin de semana!**	*Tomar, subir, golpear, dar una patada, montar en bici, nadar, lanzar.*	*Yo puedo dar una patada a la pelota.* *Yo no puedo golpear la pelota.* *Yo puedo montar en bici.*

FONÉTICA	NÚMEROS	CÓMIC Y CANCIÓN	ACTIVIDADES
Aa (*arena, avión*) Bb (*boca, burro*)	1 – 2	Cómic: *¡Hola!* Canción: *¿Cómo estás?*	Práctica de las letras A-B
Cc (*caja, cebra, circo, cometa*) Dd (*dedo, dado*)	3 – 4	Cómic: *¿Dónde está Pablo?* Canción: *Mi familia.*	Práctica de las letras C-D
Ee (*elefante, espejo*) Ff (*foca, fresa*)	5	Cómic: *¿Qué haces?* Canción: *¿Qué haces?*	Práctica de las letras E-F
Gg (*gato, gusano*) Hh (*hormiga, huevo*)	1 – 5	Cómic: *¡Mi yoyó!* Canción: *¿Jugamos?*	Práctica de las letras G-H
Ii (*insecto, isla*) Jj (*jirafa, jaula*) Kk (*kiwi, kárate*)	6 – 7	Cómic: *¡Es un salón!* Canción: *¡Qué es esto!*	Práctica de las letras I-J-K
Ll (*limón, león*) Mm (*mono, mano*) Nn (*nariz, naranja*) Ññ (*niño, niña*)	8 – 9	Cómic: *¿Cómo estoy?* Canción: *¿Cómo estoy?*	Práctica de las letras L-M-N-Ñ
Oo (*ocho, oso*) Pp (*pelota, pizza*) Qq (*queso, esquí*)	10	Cómic: *¡Somos nosotros!* Canción: *La granja.*	Práctica de las letras O-P-Q
Rr (*reina, correr*) Ss (*sombrero, saltar*) Tt (*taza, tren*)	1 – 10	Cómic: *¿Cuántos, Juan?* Canción: *Cuenta conmigo.*	Práctica de las letras R-S-T
Uu (*uva, uña*) Vv (*ventilador, vaso*) Ww (*windsurf, kiwi*)	1 – 10	Cómic: *¡Un bocadillo!* Canción: *¡Me gusta la comida!*	Práctica de las letras U-V-W
Xx (*taxi, flexo*) Yy (*yoyó, yogur*) Zz (*azul, zorro*)	1 – 10	Cómic: *¿Qué puedes hacer?* Canción: *¡Podemos!*	Práctica de las letras X-Y-Z

REPETICIONES, JUEGOS Y ACTIVIDADES

1. Ejercicio de repetición

Presente el nuevo vocabulario o las nuevas estructuras para que la clase repita.
Profesor/a: *Un perro, un perro.*
Estudiantes: *Un perro.*
Profesor/a: *Un conejo, un conejo.*
Estudiantes: *Un conejo.*
Alternativamente:
Profesor/a: *Esto es un libro rojo.*
Estudiantes: *Esto es un libro rojo.*
Profesor/a: *Esto es un lápiz amarillo.*
Estudiantes: *Esto es un lápiz amarillo.*

2. Ejercicio de sustitución

Para hacer un ejercicio de sustitución, use tarjetas u objetos reales.
P: *¿Dónde están los libros?* (Muestra una foto de libros sobre una mesa) *Están en la mesa.*
E: *Están en la mesa.*
P: (Muestra una foto de libros debajo de una mesa)
E: *Están debajo de la mesa.*
Alternativamente:
P: (Muestra una foto de un pájaro) *Hay un pájaro. Me gustan los pájaros.*
E: *Hay un pájaro. Me gustan los pájaros.*
P: (Muestra una foto de una rana)
E: *Hay una rana. Me gustan las ranas.*

3. Ejercicio en cadena

En los ejercicios en cadena, muestre un objeto o una tarjeta a un niño y hágale una pregunta relacionada. El niño responde y se dirige al siguiente alumno para hacerle la misma pregunta. Continúe con esta dinámica hasta que todos los estudiantes tengan la oportunidad de preguntar y de responder. Si la clase es muy numerosa, divida la clase en grupos pequeños de tres o cuatro niños y que cada grupo haga un ejercicio en cadena.
P: (Muestre una imagen de un robot al estudiante 1) *¿Qué es esto?*
E1: *Es un robot.* (Muestre una imagen de una cuerda para saltar al estudiante 2) *¿Qué es esto?*
E2: *Es una cuerda.*

4. Ejercicio de los seis segundos

Para hacer las actividades más divertidas y emocionantes, después de repetir varias veces el vocabulario o la estructura nueva, haga que los alumnos lo repitan rápidamente tres veces, levanten sus manos y digan: *¡Fin!* Repita varias veces esta dinámica con cada palabra.
E: *¡Lápiz, lápiz, lápiz! ¡Fin!*
P: *¡Otra vez!*
E: *¡Lápiz, lápiz, lápiz! ¡Fin!*
P: *¡Otra vez!* (Añada una acción, como aplaudir dos veces)

Si quiere practicar una frase diga:
P: *Me gustan los gatos.*
E: *Me gustan los gatos, Me gustan los gatos, Me gustan los gatos. ¡Fin!*
P: *¡Otra vez! (¿Puedes decirlo más rápido esta vez? Di ¡Fin! y ponte de pie.)*
E: *Me gustan los gatos, Me gustan los gatos, Me gustan los gatos. ¡Fin!*
P: *¡Otra vez!* (Añada una acción, como tocar la cabeza con la mano)

Juegos y actividades para fonética

5. Corre que pillo

En la pizarra, escriba dos listas de palabras con diferentes sonidos iniciales o vocales. Por ejemplo: *b/p* o *a/e.* Escriba encima de cada columna: lista A y lista B. Los estudiantes se sientan en círculo. Un voluntario (E1) camina alrededor del círculo, tocando a cada estudiante en la cabeza y dice una palabra de la lista A o de la lista B. Si la palabra es de la lista A, el estudiante que en ese momento ha tocado en la cabeza (E2) permanece sentado. Sin embargo, si el voluntario (E1) toca en la cabeza de un estudiante (E2) y dice una palabra de la lista B, el niño (E2) se levanta rápidamente e intenta tocar al voluntario (E1) en el hombro antes de que este haya dado la vuelta al círculo y se haya sentado en el lugar del otro niño (E1). Si toca al voluntario (E1) en el hombro, este sigue siendo el voluntario. Si consigue sentarse antes de ser tocado en el hombro, el otro niño (E2) se convierte en el nuevo voluntario. Continúe con esta dinámica de cinco a siete minutos.

6. Encuentra tu pareja

Use tarjetas de letras y tarjetas ilustrativas de palabras que comienzan con esas letras. Repártalas entre los niños. Estos caminan alrededor del aula diciendo el sonido de la letra o la palabra de su tarjeta, y trata de encontrar a otro compañero que tiene el mismo sonido. Cuando los estudiantes encuentran a su compañero, los dos van hacia usted y dicen sus tarjetas. Si lo han hecho correctamente, cada uno gana un punto. Si no lo han hecho correctamente, corrija el error y no ganan un punto. Si lo desea, cuando vienen hacia usted con las tarjetas, puede hacer que se las intercambien y sigan jugando. Al final, gana el estudiante que más puntos haya conseguido.

7. Adivina la carta

Ponga las tarjetas de las letras junto a otra tarjeta de vocabulario que comience por esa letra.
Levante una tarjeta de letra y pídales que digan el sonido. Invítelos a decir palabras que tengan ese sonido. Cuando un niño identifica correctamente la palabra escondida, gire la tarjeta de vocabulario y dígales que repitan la palabra.

8. **Sujeta la tarjeta**
Entregue a cada alumno una tarjeta de letra. Diga el sonido de una de las letras. Los niños que tengan esa tarjeta la levantan y repiten el sonido. Para hacer más compleja la dinámica, diga dos o más sonidos a la vez.

9. **Veo, veo**
Asegúrese de que haya muchos objetos en el aula que los niños puedan decir en español. Si no, coloque tarjetas de objetos por el aula. Diga, por ejemplo, *Veo, veo algo que comienza por la letra B.* Los estudiantes miran alrededor del aula y tratan nombrar un elemento que comienza con la letra *B.* Si aciertan, diga *Sí* y dé un punto a ese estudiante. Si la respuesta no es correcta, diga *No* y haga que los niños continúen adivinando. Si los niños tienen problemas para encontrar la palabra secreta, dé pistas como: *Es pequeño, es rojo.* Continúe con esta dinámica de cinco a siete minutos.

10. **Forma palabras**
Divida la clase en grupos de tres o cuatro. Dé a cada grupo un conjunto de tarjetas de letras con varias tarjetas de vocales adicionales. Los grupos colocarán todas las cartas bocabajo en el centro del grupo, y cada estudiante toma siete cartas. El resto de las cartas quedan en la mesa. Un estudiante (E1) comienza mirando sus tarjetas de letras para ver si puede formar una palabra en español. Si puede formarla, saca las tarjetas y forma la palabra en su mesa, la dice en voz alta. Luego toma de la pila el mismo número de tarjetas que ha puesto en la mesa. El siguiente alumno (E2) intenta hacer otra nueva palabra a partir de las letras que hay en la mesa. Si este alumno (E2) puede hacer una palabra, la pone en la mesa como un crucigrama, y lee la palabra en voz alta. Si no puede formar una nueva palabra, pasa su turno. El juego continúa hasta que se hayan usado todas las tarjetas.

11. **Pasa los sonidos**
Divida la clase en grupos de cinco o seis. Cada grupo se pone en una fila. Dé al primer alumno de cada fila (E1) unas tarjetas de letras. Muestre al último alumno de cada línea una tarjeta que represente una palabra comience por una de las letras que tiene el estudiante 1. Cada niño va susurrando la palabra al resto de niños de su fila, en orden, hasta que llegue al primer niño (E1). Este dice la palabra y la letra. Después, levanta la tarjeta de la letra del alfabeto correspondiente a ese sonido. Si es correcto, su equipo gana un punto. Si no es correcto, los otros grupos lo corrigen. El último alumno de cada fila se sitúa el primero de su fila. Siga con esta dinámica hasta que todos hayan tenido la oportunidad de ser el primero de su fila. Gana el grupo que haya conseguido más puntos.

VARIACIONES
1. Los estudiantes pasan la letra inicial de la tarjeta que usted le ha mostrado, escribiendo la letra en la espalda del alumno.
2. Los grupos susurran las palabras por su fila. Los E1 deletrean la palabra que escuchan con las tarjetas del alfabeto luego levantan la mano y dicen la palabra.

12. **Voltea**
Coloque en la mesa bocabajo dos pilas de tarjetas, en una las tarjetas de vocabulario y en la otra la de letras. Asegúrese de que cada tarjeta de letras corresponde a la letra inicial de una de las tarjetas de vocabulario. Por ejemplo: la *b* coincide con *boca.* Voltee al mismo tiempo una tarjeta de cada pila. Los estudiantes miran las dos cartas, deciden si coinciden o no. Gana un punto el primer estudiante que identifique correctamente la coincidencia y nombre las tarjetas. Continúe esta dinámica hasta que todas las tarjetas sean volteadas. Gana el alumno que más puntos obtenga.

CLASES NUMEROSAS
Divida a los niños en grupos de seis o de ocho y que cada grupo juegue según la dinámica anterior.
VARIACIÓN
Juegue con dos juegos de tarjetas de vocabulario.

13. **¿Por qué letra empieza?**
Divida la clase en grupos de tres o cuatro niños y entregue a cada grupo un conjunto de tarjetas de letras. Muestre a los estudiantes un conjunto de tarjetas de vocabulario que comiencen con esas letras y pídales que digan las palabras. Baraje las tarjetas de vocabulario y colóquelas en la bandeja de la pizarra, sin que los niños vean las imágenes. Uno de los grupos sale a la pizarra y coloca cada tarjeta de letra a la izquierda de cada tarjeta de vocabulario. que creen que comienza con esa letra. Deles la vuelta a las tarjetas para ver si coinciden la letra y la palabra. Si las tarjetas coinciden, dicen el nombre de las letras y de las palabras. Si alguna no coinciden, se voltea de nuevo las palabras del vocabulario e intentan de nuevo poner las letras junto a cada tarjeta. Vuelven a decir el nombre de cada letra y de cada palabra. Repita esta dinámica con el resto de grupos.

14. **¿Qué hay en el aire?**
Póngase mirando a la pizarra y de espalda a los niños. Escriba una letra en el aire con su dedo. Los estudiantes intentan decir el nombre de la letra. Haga lo mismo con otras letras.
Un voluntario (E1) sale a la pizarra. Muéstrele una tarjeta de vocabulario. El E1 escribe la letra inicial de esa palabra en el aire. El resto de la clase intenta identificar la letra. El primer alumno que la acierte será el siguiente en dibujar. Continúe con esta dinámica durante cinco minutos.

15. Escribe con tu cuerpo
Divida la clase en grupos de tres o cuatro. Dele a cada grupo un conjunto de tarjetas de letras. Los miembros de cada grupo trabajan individualmente o juntos para formar las letras con sus cuerpos. Después, cada grupo, por turnos, formará letras al resto de sus compañeros, que tendrán que adivinarlas y decir palabras que comiencen por esa letra.

Juegos y actividades para vocabulario

16. Alrededor del mundo
Los estudiantes se sientan en círculo. Dos voluntarios se ponen de pie uno al lado del otro para comenzar el juego. Muestre a estos dos estudiantes una tarjeta de vocabulario. El primero que diga la palabra gana un punto. El que no ha acertado se sienta de nuevo y el que ha acertado se queda de pie para continuar jugando con otro niño. Continúe con esta dinámica con todos los niños del círculo. El estudiante que haya estado de pie durante todo un círculo se le dice que ha viajado "alrededor del mundo" y gana 5 puntos extra.

CLASES NUMEROSAS
En lugar de moverse en círculo, los estudiantes se mueven según las filas de mesas.

17. Baloncesto
Haga dos pelotas de baloncesto cortando dos círculos con trozos de papel de color naranja. A cada lado de la pizarra, dibuje una columna con seis líneas horizontales. En la línea superior, dibuje un aro de baloncesto y ponga las pelotas debajo de la línea inferior.
Divida la clase en dos equipos y sitúe a un niño de cada equipo junto a la pizarra. Muestre a estos dos estudiantes una tarjeta de vocabulario. El primer alumno en decir correctamente la palabra en español, mueve la pelota de baloncesto de su equipo hasta la primera línea. Estos dos estudiantes regresan a sus asientos y otro estudiante de cada equipo sale a la pizarra. Continúe jugando hasta que uno de los dos equipos mueva su pelota hasta el aro. En este caso el equipo gana dos puntos. Devuelva la pelota a su posición inicial, debajo de las seis líneas, y continúe jugando hasta alcanzar un determinado número de puntos.

VARIACIONES
1. Contabilice una respuesta incorrecta como una falta, lo que supone una pérdida de un punto.
2. Los estudiantes tiran una pelota de papel a canastas. Coloque una papelera delante de la pizarra. Cuando un equipo acierta la palabra, lanza una pelota a la papelera. Si hacen una canasta, el equipo obtiene un punto.

18. ¡Bingo!
Prepare tarjetas con cuadrículas 3 x 3, 4 x 4 o 5 x 5 con las imágenes del vocabulario que van a practicar. Dele a cada estudiante esta tarjeta o cartón. Muéstreles 9, 16 o 25 tarjetas de vocabulario y revise con ellos el vocabulario. Una a una, vaya mostrando y diciendo las tarjetas de vocabulario. Cuando una palabra esté en el cartón del estudiante, este lo marca. Si un estudiante marca tres (o cuatro o cinco) palabras en una fila (horizontal, vertical o diagonal), dice *¡Bingo!* Después, tiene que decir las palabras de su fila y gana un punto. Repita esta dinámica varias veces.

VARIACIONES
1. Dé a los alumnos cartones en blanco. En la pizarra, escriba las palabras que van a practicar. Los estudiantes eligen palabras de esta lista y las escriben o dibujan en sus cartones.
2. Si los estudiantes necesitan más apoyo, levante las tarjetas mientras dice lentamente las palabras.
3. En lugar de decir los nombres de las palabras, deles una pista sobre ellas. Por ejemplo: *Es rojo. Es redondo.* El primer niño en decir la palabra correcta, la marca en su cartón.
4. Los estudiantes tratan de marcar los huecos del cartón para formar una letra determinada. Por ejemplo: T, F, E, I, L, H. Cuando un estudiante cubre los cuadrados de su cartón con la forma de la letra determinada, dice *¡Bingo!*
5. Los estudiantes intentan cubrir solo las cuatro esquinas de su cartón. Cuando un niño hace esto, grita *¡Bingo!*

19. Concentración: imagen con imagen
Baraje de cinco a diez tarjetas de vocabulario en dos pilas. Colóquelas bocabajo sobre una mesa en dos pilas. Por turnos, cada estudiante da la vuelta a dos tarjetas, una de cada pila, y dice sus nombres en español. Si un estudiante no puede decir el nombre de las dos tarjetas, vuelve a ponerlas bocabajo y pasa su turno al siguiente estudiante. Si un estudiante dice el nombre de las tarjetas correctamente, pero no coinciden, las tarjetas también deben ponerse bocabajo y pasar el turno al siguiente estudiante. Si el alumno nombra correctamente las tarjetas y coinciden, ese estudiante se queda con las tarjetas y sigue jugando. Gana el juego el estudiante que tenga mayor número de tarjetas.

20. Concentración: imagen con palabra
Prepare de cinco a diez pares de tarjetas y sus tarjetas de palabras correspondientes. Los estudiantes juegan con la misma dinámica que en la actividad 19, relacionando la tarjeta de vocabulario con su palabra.

21. Concentración: en parejas
Cuando jueguen las dinámicas de las actividades 19 y 20, ponga a los estudiantes en parejas para hacer el juego más cooperativo.

22. ¡Hazlo!
Entregue a cada alumno una tarjeta de vocabulario. Diga una de las tarjetas dos veces y luego dé una orden. Por ejemplo: *Manzana, manzana, ¡de pie!* El niño o niños que tengan esa tarjeta repiten la palabra y hacen la acción. Para añadir cierto desafío, nombre dos o tres tarjetas con la misma orden para que más estudiantes hagan la acción. Por ejemplo: *Manzana, manzana, niño, niño, ¡de pie!* Continúe con esta dinámica cuatro o cinco minutos.

23. ¿Te acuerdas?
Los estudiantes abren sus libros por las dos primeras páginas de la unidad que estén estudiando y observan la escena durante un minuto. Cuando se acabe el tiempo, cierran sus libros y dicen el nombre de las palabras que recuerden.

24. Haz el dibujo
Divida la clase en dos equipos. Introduzca las tarjetas de vocabulario en un sombrero o en una bolsa. Pida que un voluntario de cada equipo salga a la pizarra y pídales que cada uno elija una tarjeta del sombrero. Los voluntarios hacen un dibujo de su palabra en la pizarra y sus equipos intentan adivinar la palabra. El primer equipo que identifique correctamente la imagen gana un punto. Los voluntarios regresan a sus asientos y otro niño de cada equipo sale a la pizarra. Continúe jugando hasta que todas las palabras hayan sido sacadas del sombrero. Gana el equipo que finalice con más puntos.

VARIACIONES

1. Todos los grupos dibujan la misma palabra.
2. Ponga un límite de un minuto para hacer el dibujo.
3. Pida que un voluntario de un equipo salga a la pizarra. Pídale que elija una palabra del sombrero y la dibuje. El resto del equipo adivina lo que está dibujando. Registre el tiempo que tarda su equipo en adivinar la palabra. Continúe con esta dinámica con el resto de los equipos hasta que se saquen todas las palabras del sombrero. Sume todos los tiempos de cada equipo. Gana el que haya obtenido el menor tiempo.

25. Testigo ocular
Divida la clase en grupos de tres o cuatro. Dé a cada grupo un trozo de papel. Coloque un conjunto de diez tarjetas de vocabulario bocabajo en su mesa, en fila, e invite a salir a un voluntario de cada equipo. Ponga las cartas bocarriba. Los voluntarios miran las tarjetas, vuelven corriendo a sus grupos y dicen el nombre de las tarjetas que recuerden en el orden correcto. Después, los grupos intentan hacer una lista de esas palabras y los primeros que la hagan tienen que levantar la mano. El grupo que escriba la lista correctamente, gana un punto. Si no consiguen completar la lista, otro voluntario del grupo puede salir corriendo y observar las palabras. Vuelva a colocar las diez tarjetas en su mesa con otro orden y realice la misma dinámica.

26. Encuentra tu pareja: palabras
Entregue a cada estudiante una tarjeta de vocabulario, asegurándose de distribuir al menos dos de cada tarjeta. Los niños caminan por el aula diciendo la palabra de su tarjeta e intentan encontrar otro estudiante con la misma tarjeta. Cuando un niño encuentra a otro con la misma tarjeta, los dos van a usted, dicen el nombre de la tarjeta y escriben la palabra en la pizarra. Si lo hacen correctamente, ganan un punto. Si no lo hacen correctamente, corrija el error y no ganan un punto. Una vez que la mayoría de los niños hayan acudido a usted, haga que intercambien sus tarjetas y realice la dinámica de nuevo. Continúe con esta dinámica de cinco a siete minutos. Gana el niño que al final obtenga más puntos.

27. Cuatro esquinas
En cada esquina de la clase coloque un letrero con una imagen que representa a las categorías de palabras estudiadas. Por ejemplo: animales, objetos de la clase, naturaleza, fruta... Diga una palabra de esas categorías. Por ejemplo: *bolígrafo*. Los estudiantes repiten la palabra y corren a la esquina de la clase que tenga esa categoría. Si los estudiantes están situados en la esquina equivocada, tienen que sentarse en sus asientos. Continúe con esta dinámica hasta que solo quede un niño de pie.

CLASES NUMEROSAS
Los niños señalan la esquina correcta en lugar de correr hacia ella.

28. Adivina la tarjeta
Divida la clase en grupos de cuatro o cinco. Dé a cada grupo 10 o 15 tarjetas de vocabulario. Cada grupo coloca sus tarjetas bocabajo en una fila frente a ellos.
Un estudiante de cada equipo, toca una de las tarjetas e intenta adivinar de qué se trata, diciendo *Esto es (un árbol)*. Luego voltea la tarjeta. Si la suposición es correcta, la tarjeta se deja bocarriba. Si la suposición no es correcta, el alumno dice el nombre de la tarjeta y luego la gira de nuevo. Los niños de cada grupo se turnan para identificar las tarjetas hasta que todas hayan sido entregadas.

29. Adivina el orden

Divida la clase en grupos de tres o cuatro. Muestre a los niños cinco tarjetas, barájelas y colóquelas en la bandeja de la pizarra. Escriba un número del 1 al 5 encima de cada tarjeta (no repita el número). Los grupos deben adivinar qué tarjeta está debajo de cada número. En una hoja de papel escriben los números 1-5 y el nombre de la palabra al lado de cada número. Gire las tarjetas, señálela una a una, diciendo sus nombres. Los grupos comprueban cuántas tarjetas han identificado correctamente. El grupo que haya identificado el mayor número de tarjetas gana un punto. El grupo que haya identificado correctamente todas las tarjetas gana un punto extra. Continúe con esta dinámica de cinco a siete minutos. Gana el grupo que obtenga más puntos.

VARIACIÓN

Divida la clase en dos grupos. Dele a cada grupo un conjunto de tarjetas de vocabulario. Luego los dos grupos (Grupo A y Grupo B) se ponen uno frente al otro. El grupo A muestra al grupo B sus tarjetas, las baraja y las coloca bocabajo entre los dos grupos. Cada miembro del grupo B señala a cada una de las tarjetas e intenta nombrarla. El grupo A gira sus tarjetas. El grupo B gana un punto por cada tarjeta acertada correctamente. Después, el grupo A trata de adivinar las tarjetas del grupo B.

30. Adivina la que falta

Coloque seis tarjetas en la bandeja de la pizarra. Los niños memorizan las tarjetas durante 10-15 segundos, y luego cierran los ojos. Retire una de las cartas. Cuando los niños abren los ojos, tratan de ser el primero en levantar sus manos para identificar la tarjeta que falta. Cuando un niño identifica correctamente la tarjeta que falta, gana un punto. Siga jugando hasta que todas las tarjetas hayan sido retiradas de la bandeja. Gana el niño que más puntos obtenga.

VARIACIONES

1. Para un desafío adicional, retire más de una tarjeta a la vez.
2. Divida la clase en dos equipos y que cooperen entre ellos para identificar la tarjeta que falta. El primer equipo que identifique correctamente la tarjeta gana un punto.

31. ¡Levántala!

Entregue a cada alumno una tarjeta de vocabulario. Diga el nombre de una de las tarjetas. El estudiante que tenga esa tarjeta debe repetir la palabra y levantarla. Para un mayor desafío, nombre dos o tres tarjetas a la vez. Continúe con esta dinámica durante tres o cuatro minutos.

32. Cazapalabras

Oculte por la clase siete de tarjetas de vocabulario. Divida la clase en grupos de tres o cuatro. Dele a cada grupo una copia de las tarjetas escondidas por la clase. Dígales las tarjetas que tienen que encontrar. Por ejemplo: dos flores, un árbol y tres pájaros. Diga *¡Ya!* Los grupos intentarán ser los primeros en encontrar las tarjetas perdidas y correrán hacia usted para entregárselas y decir sus nombres. El primer grupo en "cazar" las tarjetas y nombrarlas correctamente gana un punto.

VARIACIÓN

Dos grupos juegan uno contra el otro, ocultando las tarjetas para que el equipo contrario las encuentre.

33. Escucha las pistas

Sostenga una tarjeta frente a la clase sin mostrarla. Deles pistas para que los niños intenten identificarla. Por ejemplo, para la tarjeta de plátano diga: *Es amarillo. A los monos les gusta mucho.* Haga lo mismo con siete tarjetas diferentes.

34. El solitario

Divida la clase en grupos de cuatro a seis. Dele a cada grupo un conjunto de tarjetas formadas por dos juegos idénticos de diez tarjetas cada uno, más una tarjeta sin pareja. Esta tarjeta sin pareja es el solitario. Un voluntario de cada grupo distribuye las tarjetas de manera uniforme entre los miembros de su grupo. Los estudiantes miran sus tarjetas colocan sobre la mesa las parejas que tengan y dicen sus nombres. Si no recuerdan sus nombres, deben guardar las tarjetas hasta el siguiente turno. Los miembros de cada grupo se turnan tomando una tarjeta del estudiante sentado a su izquierda. Si la nueva carta coincide con una que tienen, dicen su nombre y ponen la pareja en la mesa. Si la tarjeta no coincide, guardan la tarjeta y pasa el turno al siguiente estudiante. Los estudiantes continúan con el juego hasta que uno de ellos se quede sin tarjetas. Quien al final haya obtenido más parejas gana el juego. El estudiante con la tarjeta impar al final es el solitario y pierde el juego, incluso si es el que ha conseguido más parejas.

35. Combínalos

Prepare dos juegos idénticos de tarjetas. Distribuya las tarjetas de uno de los juegos entre los estudiantes, dando a cada niño una tarjeta. Coloque el juego de tarjetas restante bocabajo en una mesa en el centro del aula. Divida la clase en grupos de cuatro a seis.

Un voluntario de uno de los grupos (E1) va a la mesa, señala una tarjeta, dice qué cree que es y la gira. Si acierta, coge la tarjeta y comprueba si coincide con una tarjeta que tenga su grupo. Si coincide, el E1 conserva el par de tarjetas. Si no coincide, el E1 devuelve las tarjetas a la mesa y pasa el turno a un niño del otro grupo. Si el E1 no lo adivina correctamente o no puede decir el nombre de las tarjetas, gira la tarjeta y pasa su turno a un niño del otro grupo. Continúe con esta dinámica hasta que uno de los grupos consiga todas las parejas.

CLASES NUMEROSAS
Divida la clase en grupos de cuatro a seis. Cada grupo juega según la dinámica anterior. Gana el estudiante de cada grupo con más parejas.

36. Mímica
Represente una acción relacionada con una palabra de vocabulario y haga que los niños intenten adivinar la palabra. Por ejemplo, para la tarjeta de plátano, haga el gesto de pelar un plátano y cómeselo. Continúe haciendo mímica hasta que un estudiante identifique correctamente la palabra. Después, invite a dos o tres estudiantes a salir al frente de la clase. Alternativamente, los estudiantes hacen mímica a sus grupos. Continúe con esta dinámica durante cinco o seis minutos.

37. Pista de carreras
Divida la clase en grupos de cinco a seis. Dele a cada grupo dos juegos de tarjetas y un dado.
Los grupos colocan sus tarjetas bocarriba en un círculo. Asigne un punto de partida en el círculo de cada grupo y diga a los estudiantes cuántas veces deben recorrer el círculo antes de terminar. Cada estudiante coloca una ficha de color en el inicio del círculo designado. Los estudiantes de cada grupo se turnan tirando el dado y moviendo sus fichas por el círculo, una tarjeta por número en el dado. Cuando los estudiantes llegan a una tarjeta, dicen el nombre. Si dicen el nombre correctamente, permanecen en esa tarjeta. Si no lo nombran, regresan su ficha a donde estaban anteriormente. Gana el niño de cada grupo que acabe antes todas las rondas. Como un desafío extra, cuando un estudiante llega a una tarjeta y la nombra correctamente, la pone bocabajo para que el próximo niño que ocupe esa tarjeta la nombre de memoria.

38. Corre y encuentra
Coloque un juego de tarjetas en las paredes del aula. Divida la clase en dos equipos, A y B. Llame a un niño de cada equipo para que salga a la pizarra. Dígale el nombre una de las tarjetas de vocabulario. Estos dos niños intentan ser los primeros en repetir la palabra, salen corriendo y tratan de tocar la tarjeta nombrada. El estudiante que primero toque la tarjeta correcta gana un punto para su equipo. Continúe con esta dinámica hasta se nombren todas las tarjetas. Gana el equipo con más puntos.

CLASES NUMEROSAS
Divida la clase en grupos de tres o cuatro y dele a cada grupo un conjunto de tarjetas. Cada grupo coloca sus tarjetas bocarriba en el centro del grupo. Diga una de las palabras. Los niños de cada grupo intentan ser los primeros en repetir la palabra y de encontrarla. Quien encuentra la tarjeta correcta, se la queda. Si un estudiante levanta una tarjeta incorrecta, la devuelve a la mesa. El juego continúa hasta que un grupo haya recogido todas sus cartas. Ganan los estudiantes de cada grupo con más tarjetas.

VARIACIÓN
Asigne un número a cada alumno, asegurándose de que hay el mismo número de niños en el equipo A y B. Diga el nombre de una tarjeta y luego un número. El estudiante de cada equipo con ese número intenta ser el primero en correr y tocar la tarjeta.

39. Descubre la palabra
Sostenga una tarjeta cubriéndola con otra o con un papel, permitiendo que solo vean una parte de la imagen. Los estudiantes intentan decir la palabra de la tarjeta. Cuando un alumno diga el nombre incorrectamente, deslice un poco el papel, permitiendo ver algo más la imagen.
Continúe así hasta que alguno pueda decir la palabra que representa la tarjeta. Siga la dinámica con siete tarjetas diferentes.

40. Chasquea los dedos
Coloque un conjunto de tarjetas de vocabulario y un conjunto de tarjetas de palabras en dos pilas bocabajo en el centro de la clase. Simultáneamente, voltee una carta de cada pila. Los estudiantes miran las dos cartas, deciden si coinciden o no. Si coinciden, chasquean sus dedos. El primer estudiante en chasquear los dedos para identificar correctamente una coincidencia y en decir la palabra, gana las tarjetas y un punto. Si las tarjetas no coinciden o si los estudiantes no identifican correctamente la coincidencia, se continúa jugando con dos cartas nuevas. Siga la dinámica hasta que todas las cartas hayan sido entregadas. Gana el niño con más puntos.

CLASES NUMEROSAS
Divida la clase en grupos de seis a ocho y que cada grupo juegue según la dinámica anterior.
VARIACIÓN
Juega con dos juegos de tarjetas. Para un desafío adicional, use palabras con ortografía similar.

41. Tres en rayas
Divida la clase en parejas. Dé a cada pareja nueve tarjetas. Deben colocarlas bocarriba para hacer un cuadrado 3 x 3 con ellas. En parejas, se turnan para decir la palabra de una de las tarjetas. Si la palabra es correcta, colocan su ficha encima de esa tarjeta. El primero que coloque tres fichas en una fila (horizontal, vertical, o diagonal) gana el juego.

42. Toca la tarjeta

Coloque de 10 a 15 tarjetas en una mesa en el centro de la clase. Los niños se ponen alrededor de la mesa. Diga el nombre de una tarjeta. Los estudiantes intentan ser los primeros en tocar esa tarjeta. El primer alumno en tocarla correctamente y en decir su nombre, se queda con la tarjeta. Siga con esta dinámica hasta que no queden tarjetas en la mesa. Gana el niño que tenga más tarjetas.

CLASES NUMEROSAS
Divida la clase en grupos de cuatro a cinco. Cada grupo juega según la dinámica anterior.
VARIACIÓN
En lugar de decir el nombre de una tarjeta, muéstrele una tarjeta de palabra. Los alumnos leen la palabra en silencio e intentan ser el primero en tocar la tarjeta correspondiente.

43. El teléfono de verbos

Divida la clase en los equipos A y B, y pídales que cada equipo haga una fila. Dele un conjunto de tarjetas de verbos al primer alumno (E1) de cada fila. El E1 mira su primera tarjeta, hace mímica de la acción al segundo alumno de su fila (E2). El E2 identifica la acción y representa la acción al E3. Esta dinámica continúa hasta el último de la fila. El primer equipo en terminar gana un punto. El E1 se sitúa ahora el último de su fila. El primer equipo en obtener cinco puntos gana.

44. ¿Qué estoy dibujando?

Dibuje lentamente una imagen de una tarjeta en la pizarra. Haga una pausa varias veces y pregunte: *¿Qué es esto?* Los estudiantes intentan identificar la palabra que está dibujando.
Quien adivine la palabra sale a la pizarra a hacer el siguiente dibujo.

45. ¿Qué hay en la bolsa?

Coloque objetos del vocabulario en una bolsa. Un voluntario mete la mano en la bolsa y trata de identificar un objeto sin mirarlo. Si el alumno identifica el objeto correctamente, se lo queda, y pasa el turno a otro alumno. Si no identifica el objeto correctamente, el objeto se devuelve a la bolsa y pasa el turno a otro voluntario. Continúe con esta dinámica hasta que no queden objetos en la bolsa.

46. ¿Dónde está en el libro?

Diga el nombre de un objeto, un personaje o una acción de las unidades del *Libro del alumno*. Los estudiantes intentan ser los primeros en encontrar la página en la que aparece el objeto, el personaje o la acción, la señalan y luego dicen su nombre. El primero en hacerlo, gana un punto. Continúe con esta dinámica hasta que se practiquen todas las palabras que desee revisar.

VARIACIÓN
Un niño puede imitar una acción de un personaje del libro. El resto de la clase trata de encontrar qué personaje del libro lo está haciendo y en qué página aparece.

47. ¿Qué tarjeta no pertenece?

Divida la clase en dos equipos. Un voluntario de cada equipo sale a la pizarra. Dele a cada uno de estos voluntarios las mismas cuatro tarjetas, tres tarjetas de la misma unidad o categoría y una tarjeta de una unidad diferente o categoría. Por ejemplo: *gallina, gato, caballo, lápiz.* Diga *¡Ya!* Los voluntarios miran sus tarjetas, colocan la tarjeta que no pertenece en la bandeja de la pizarra y dicen el nombre. El primer voluntario en colocar la tarjeta correcta en la bandeja de la pizarra y de nombrarla gana un punto para su equipo. Continúe con esta dinámica hasta que todos los niños hayan participado. Gana el equipo que obtenga más puntos.

Juegos y actividades para conversar

48. El teléfono

Si es posible, use teléfonos de juguete o teléfonos viejos y dele a cada estudiante uno de ellos. En parejas, los niños se sientan uno al lado del otro, espalda con espalda, y fingen que van a hablar por teléfono. Los estudiantes deben hablar muy claramente y concentrarse en lo que dicen sus parejas.
Haga que los niños practiquen su diálogo dos veces, para que cada uno pueda asumir ambos roles. Circule por la clase y ayúdelos cuando sea necesario.

49. Lanza la pelota

Haga que la clase forme un círculo. Lance una pelota al E1 y hágale una pregunta. El E1 responde y lanza la pelota a otro estudiante (E2) y le hace una pregunta. Continúe con esta dinámica hasta que todos hayan tenido la oportunidad de participar.

CLASES NUMEROSAS
Juegue en pequeños grupos para que todos los estudiantes pueden participar simultáneamente.

50. Filas de conversación

Haga que los estudiantes se pongan en dos filas paralelas, una enfrente de otra, para que cada estudiante tenga un compañero enfrente. En parejas, practican preguntas y respuestas.
E1: *¿Cómo te llamas?*
E2: *Mi nombre es (Sam). ¿Como te llamas?*
E1: *Mi nombre es (John).*
Luego haga que las dos filas se muevan un espacio (izquierda o derecha) en direcciones opuestas. El estudiante que quede al final de la fila sin una pareja, se sitúa al principio de su fila. De esta forma todos tienen un nuevo compañero. Todos repiten

el diálogo. Escuche las diferentes parejas y ayúdelos si es necesario.

51. Sillas musicales
Coloque sillas consecutivamente en dos filas o al azar alrededor de la clase. Ponga una silla menos que el número de estudiantes de la clase. Ponga la canción de la unidad o una música instrumental. Cuando la música suena, los niños deben moverse por la clase saludándose entre ellos y practican el diálogo. Cuando la música se para, los estudiantes deben sentarse. El estudiante que no se sienta en una silla, queda fuera del juego. Continúe esta dinámica hasta que solo quede un alumno.

VARIEDAD
Retire dos sillas a la vez en lugar de una. Los dos que permanezcan de pie deben decir un diálogo juntos o hacerse preguntas.

52. Hablando en la distancia
Esta actividad permite que los niños hablen en voz alta. Haga que los estudiantes se pongan en dos filas, una frente a la otra, para que cada alumno tenga un compañero en la fila opuesta. Haga que cada pareja practique un diálogo. Cada vez que una pareja termina el diálogo, ambos dan un paso hacia atrás y repiten el diálogo nuevamente. Cada vez que lo hagan, naturalmente necesitarán hablar más alto para ser escuchados.

53. Escucha y actúa
Dos parejas (P1 y P2) salen a la pizarra. La P1 practica una conversación, usando el *Libro del alumno* si es necesario, y la P2 la representa. Después, las P1 y P2 cambian sus roles y hacen la actividad nuevamente. Otras dos parejas salen al frente y hacen esta actividad. Continúe con esta dinámica hasta que la mayoría de los estudiantes hayan salido.

54. Las marionetas
Cada alumno hace una marioneta (ver algunas ideas de fabricación de marionetas a continuación). Divida la clase en parejas y haga que interpreten una conversación usando sus marionetas. Asegúrese de que ponen a sus marionetas gestos y expresiones faciales. Después, los niños cambiar sus roles y practican de nuevo la conversación.

IDEAS PARA HACER MARIONETAS
1. Los estudiantes hacen dibujos de los personajes, personas o animales en papel o cartón. Luego cortan las imágenes y las pegan en palitos de helado o lápices.
2. Los estudiantes usan rotuladores para dibujar una cara en un calcetín y pegan lana para hacer el cabello. Los niños meten sus manos en el calcetín y lo manipulan con sus dedos para simular la boca de la marioneta.

55. Conversación a tres
Invite a tres estudiantes (E1, E2 y E3) a que salgan a la pizarra. Dele al E1 el *Libro del alumno*. Los E2 y E3 practican la conversación. El E1 comprueba si hay errores la conversación y la corrige si es necesario. Después, el E2 sostiene el *Libro del alumno* y los E1 y E3 hacen la conversación. Después, se sientan. Divida la clase en grupos de tres, y pida que cada grupo haga esta dinámica.

56. Conversación de tres en raya
Prepare una tarjeta con una cuadrícula 3x3. En cada cuadrado aparece una conversación escrita. Divida la clase en parejas y agrúpelas de dos en dos (P1 y P2). Dele a cada grupo de parejas una de las tarjetas. La P1, al unísono, dice una de las conversaciones que aparece en un cuadrado. Si dicen la conversación correctamente, colocan su ficha en ese cuadrado de la tarjeta. Después, es el turno de la P2. La primera pareja en colocar tres fichas en una fila (horizontal, vertical o diagonal) gana el juego.

Juegos y actividades para estructuras gramaticales

57. Completa las oraciones
Haga una lista de frases incompletas, como *Me gusta ___, Yo puedo ____, Soy ___*. Diga una de ellas. Un voluntario repite la frase, completando el espacio en blanco. Si el niño completa la frase correctamente, gana un punto. Si no completa la frase correctamente, cualquier otro puede completarla y ganar un punto. Diga otra frase incompleta y pida que otro voluntario la complete. Continúe hasta que la mayoría de los estudiantes hayan participado. Gana el niño que obtenga más puntos.

VARIACIÓN
Realice la actividad en grupos, donde los miembros de cada grupo se turnan para salir a la pizarra. Eligen una tira de papel donde hay escrita una frase escrita incompleta y vuelven a su grupo para leer la frase. El resto del grupo completa la frase.

58. Adivina quién
Divida la clase en grupos de cuatro a seis. Ponga las seis tarjetas de vocabulario bocabajo sobre una mesa delante de la clase. Uno de los grupos sale a la pizarra y cada miembro toma una de las tarjetas. Un estudiante de los otros grupos hace preguntas al grupo que está en la pizarra usando la estructura que van a practicar. Por ejemplo: *(Pat), ¿te gustan las manzanas?* Si el estudiante tiene la tarjeta de manzana, contesta *Sí, me gustan mucho*, y le da la tarjeta al grupo que hizo la pregunta. Si el estudiante no tiene la tarjeta de manzana, responde *No, no me gustan nada*, y pasa el turno a otro grupo. Los grupos continúan con esta dinámica hasta que el grupo que está de pie en la pizarra se quede sin tarjetas. Después, un grupo nuevo sale a la pizarra.

59. Cadena de memoria
Un estudiante (E1) hace una frase usando la estructura que van a practicar. Por ejemplo: *Me gustan las manzanas.* El estudiante sentado al lado o detrás (E2) repite la frase del E1 y añade una nueva frase. Por ejemplo: *A Jim le gustan las manzanas. A mí me gustan los plátanos.* El alumno sentado al lado o detrás (E3) repite las frases del E1 y E2, y añade una nueva frase. Los estudiantes continúan esta dinámica hasta que alguien no pueda recordar las frases que han dicho sus compañeros.

60. Pase el mensaje
Los estudiantes trabajan sentados en filas. El primer estudiante de cada fila (E1) piensa en una frase usando la estructura nueva y la susurra al segundo estudiante en la fila (E2). El E2 susurra la frase al tercer alumno de la fila (E3). El E3 susurra la frase al E4, y así sucesivamente. Cuando la frase llega al último alumno de la fila, este lo dice en voz alta. Si coincide con la frase original del E1, esa fila gana un punto. Si no coincide, la fila no gana un punto. Después, los niños de cada fila se mueven una posición y realizan de nuevo la dinámica.

VARIACIÓN
Juegue con la misma dinámica, pero pida que el último estudiante de la fila haga una pregunta usando la frase del E1. Por ejemplo: E1: *Me gustan las pizzas.* Último alumno: (nombre del E1), *¿te gustan las pizzas?*

61. ¿Verdadero o falso?
Prepare de 10 a 20 frases con las estructuras gramaticales estudiadas. Algunas frases son verdaderas y otras falsas, como, por ejemplo: *Soy el Señor García. Soy astronauta. Tengo diez hermanos y nueve hermanas.* Diga una de las frases. Los niños piensan si la frase es verdadera y se sitúan al lado de la pizarra, o es falsa, y van al final de la clase. Los niños que han acertado repiten la frase y ganan un punto. Continúe con esta dinámica hasta terminar todas las frases. Gana el alumno con más puntos.

62. ¿Qué es diferente?
Invite a cuatro a seis niños a salir a la pizarra. Entregue a cada voluntario una tarjeta de vocabulario. Pídales que sostengan sus tarjetas pero que no la vean el resto de sus compañeros. Los niños que están sentados hacen frases usando la estructura gramatical estudiada y tratan de adivinar la tarjeta de cada voluntario. Por ejemplo, si la estructura gramatical es *Le gustan...* un estudiante dice *A Mary le gustan las ensaladas.* Si el voluntario está sujetando la tarjeta de ensalada, gira su tarjeta. Cuando giran todas las frases, los estudiantes que están sentados cierran los ojos y tres o cuatro de los voluntarios intercambian sus tarjetas. Después, los estudiantes abren los ojos y hacen frases sobre los estudiantes que cambiaron sus tarjetas. Por ejemplo: *A Ken le gustan las ensaladas.* Después, otros cuatro o seis voluntarios salen a la pizarra y practican esta dinámica.

NOTAS

Bienvenidos

LIBRO DEL ALUMNO

PÁGINAS 4-5

PRESENTACIÓN

» Pida a los niños que observen la escena principal de las páginas 4 y 5. Hágales preguntas sobre la escena en su lengua materna. Algunas preguntas posibles son: *¿Qué están haciendo los personajes? ¿Por qué llevan mochilas? ¿A dónde van? ¿De qué color son sus uniformes?*

1-2 1. ESCUCHA Y REPITE.

» Diga a los niños que van a conocer a los personajes que aparecen en *Clan 7 Inicial.*

» Diga la palabra "colegio" mientras señala la imagen correcta en la escena principal. Los niños repiten la palabra y señalan la imagen correcta en la escena.

» Ponga las pistas señalando al niño que está hablando.

» Ponga la pista 2 nuevamente. Los niños repiten la frase en grupo e individualmente.

¡Empezamos!

LIBRO DEL ALUMNO **PÁGINAS 6-7**

PRESENTACIÓN

- Indique a los niños que observen la escena de las páginas 6 y 7. Hágales preguntas sobre la escena en su lengua materna. Algunas preguntas posibles son: *¿Qué están haciendo los niños? ¿Qué tipo de objetos puedes ver en la mesa? ¿De qué color son las tijeras? ¿Cuántos libros puedes ver?*

3 1. ESCUCHA Y REPITE.

- Diga a los niños que van a aprender algunas palabras utilizadas en la clase.
- Ponga la pista y señale cada objeto en el libro. Haga una pausa y pida que los niños señalen el objeto en la escena principal.
- Ponga la pista nuevamente, haciendo una pausa después de cada palabra. Los niños repiten las palabras en grupo e individualmente.

El libro, las ceras, el lápiz, el papel, la pintura, el pegamento, las tijeras, la cinta adhesiva.

2. ESCUCHA Y SEÑALA.

- Diga a los niños una palabra al azar y ellos deben señalar ese objeto en sus libros. Diga otras palabras siguiendo esta dinámica.

ACTIVIDADES DE REFUERZO

- Pasee por la clase y señale un niño al azar. Dígale que se ponga de pie y que diga el nombre de un objeto de la clase. Continúe con el resto de los niños de la clase.

LIBRO DEL ALUMNO — PÁGINAS 8-9

PRESENTACIÓN

» Indique a los niños que miren las imágenes de las páginas 8 y 9. Hágales preguntas sobre las imágenes en su lengua materna. Algunas preguntas posibles son: *¿Qué está haciendo la maestra? ¿Por qué los niños están reaccionando? ¿Se divierten los niños?*

4 1. ESCUCHA Y REPITE.

» Diga a los niños que observen cada una de las ocho imágenes y que piensen de qué podrían estar hablando los personajes.

» Ponga la pista para que los niños escuchen cada conversación. Haga que señalen la imagen correcta mientras la escuchan.

» Ponga la pista nuevamente, haciendo una pausa después de cada frase. Los niños repiten las frases en grupo e individualmente.

Escuchad. / ¡Estad en silencio! / Sentaos, por favor. / Poneos de pie. / Abrid el libro. / Cerrad el libro. / Guardad el lápiz. / Sacad el lápiz.

2. SEÑALA Y REPITE.

» Coloque el póster en la pizarra para que los niños lo vean con claridad. Diga una frase muy lentamente mientras señala cada palabra de la frase.

» Repita la frase nuevamente haciendo una pausa después de cada palabra para que los niños puedan repetirla.

3. PRACTICA.

» Diga a los niños que van a representar la conversación.

» Haga mímica frente a la clase sobre el diálogo mientras los niños observan y escuchan.

» Pida que un niño se ponga frente a la clase. Represente la conversación con el niño, ayudándolo tanto como sea necesario. Pida un voluntario diferente para cada una de las conversaciones.

ACTIVIDADES DE REFUERZO

» Diga a los niños que van a jugar a un juego.

» Haga que los niños permanezcan sentados en sus asientos. Dé una instrucción como *Abrid el libro, por favor*. Los niños realizan la acción de abrir sus libros. Continúe con el resto de normas de la clase.

Unidad 1

Sesión 1

OBJETIVOS

» Aprender los nombres de los personajes de *Clan 7 Inicial*.
» Reconocer sonidos y palabras en español.

VOCABULARIO

Beni, Lola, Juan, Sara, Ana, Pablo, Carlos.

MATERIALES

Audios, tarjetas, póster, papel.

LIBRO DEL ALUMNO **PÁGINAS 10-11**

PRESENTACIÓN

» Indique a los niños que observen la escena de las páginas 10 y 11. Haga preguntas a los niños sobre la escena en su lengua materna. Algunas preguntas posibles son: *¿Qué están haciendo los niños? ¿Por qué están aplaudiendo? ¿De qué color son los uniformes de los niños?*

5 1. ESCUCHA Y REPITE.

» Diga a los niños que van a aprender los nombres de los personajes de *Clan 7 Inicial*.

» Ponga la pista, sujetando la tarjeta con el nombre de cada personaje. Haga una pausa y pida que los niños señalen sus nombres en la escena principal.

» Ponga la pista nuevamente, haciendo una pausa después de cada palabra. Los niños repiten las palabras en grupo e individualmente.

Lola, Juan, Pablo, Sara, Ana, Carlos, Beni.

2. SEÑALA Y REPITE.

» Diga el nombre de uno de los personajes o un objeto que aparezca en la imagen de la escena principal y señálalo. Los niños repiten la palabra y señalan el personaje u objeto correcto en la escena principal.

5 3. ESCUCHA Y ENCUENTRA.

» Diga a los niños un nombre de un personaje y que lo señalen en sus libros.

» Ponga la pista de nuevo para que identifiquen a los personajes.

» Diga algunos nombres al azar. Mientras dice cada nombre, sujete una tarjeta de vocabulario y señale la misma en el póster para darles a los niños un apoyo visual.

ACTIVIDADES DE REFUERZO

» Diga a los niños que van a jugar a un juego.

» Pasee por la clase y elija a un niño. Cuando señale a un niño, dígale que se ponga de pie y que diga su nombre. Continúe con el resto de los niños de la clase.

» Entregue a cada niño una hoja de papel. Dígales que se dibujen ellos mismos en el papel. Luego, pídales que escriban sus nombres en los dibujos.

» Ayude a los niños cuando sea necesario.

NOTAS

Sesión 2

OBJETIVOS

» Practicar los saludos.
» Presentar a alguien.
» Desarrollar la psicomotricidad fina.

ESTRUCTURA

Hola, soy (nombre). / ¿Cómo estás? / Estoy bien, gracias. / Adiós.

MATERIALES

Audios, tarjetas, póster, papel, adornos, botones, pegamento.

Sesión 2 Estructura

Hola, soy (nombre).
¿Cómo estás? Estoy bien, gracias.
Adiós.
1. Escucha y repite.
2. Señala y repite.
3. Practica.

12 doce

LIBRO DEL ALUMNO — PÁGINA 12

PRESENTACIÓN

» Indique a los niños que observen las imágenes de la página 12. Hágales preguntas sobre las imágenes en su lengua materna. Algunas preguntas posibles son: *¿Recuerdas el nombre de alguno de los personajes de las imágenes? ¿Qué están haciendo Ana y Juan? ¿Qué están haciendo los otros personajes?*

6 1. ESCUCHA Y REPITE.

» Diga a los niños que observen cada una de las tres imágenes y que piensen de qué pueden estar hablando los personajes.

» Ponga la pista mientras los niños leen los diálogos. Pídales que señalen la imagen correcta mientras escuchan cada conversación.

» Ponga la pista nuevamente, haciendo una pausa después de cada frase. Los niños repiten las palabras en grupo e individualmente.

Hola, soy Ana. / ¿Cómo estás? / Estoy bien, gracias. / Adiós.

2. SEÑALA Y REPITE.

» Coloque el póster en la pizarra para que los niños lo vean con claridad. Diga una frase muy lentamente mientras señala cada palabra de la frase. Repita la frase nuevamente haciendo una pausa después de cada palabra para que los niños puedan repetirla.

3. PRACTICA.

» Diga a los niños que van a representar los diálogos.

» Represente la conversación frente a la clase mientras los niños observan y escuchan.

» Pida que un niño se sitúe delante de la clase. Represente la conversación con el niño, animándolo y ayudándolo tanto como sea necesario. Pida un voluntario diferente para cada una de las conversaciones.

ACTIVIDADES DE AMPLIACIÓN

» Entregue a cada niño una hoja de papel. Pídales que escriban la primera letra de su nombre en el centro del papel. Dígales que tiene que ser en mayúscula y muy grande.

» Ayude a los niños a pegar botones y adornos con la forma de la letra.

NOTAS

Sesión 3

OBJETIVOS

» Decir, reconocer y escribir las letras /*Aa*/ y /*Bb*/.
» Reconocer y decir los sonidos /*Aa*/ y /*Bb*/.
» Desarrollar la psicomotricidad fina.

VOCABULARIO

Arena, avión, boca, burro.

MATERIALES

Audios, tarjetas, póster.

LIBRO DEL ALUMNO **PÁGINA 13**

PRESENTACIÓN

» Escriba *arena, avión, boca* y *burro* en la pizarra. Diga cada palabra en voz alta mientras las señala. Pida a los niños que las repitan.

7 1. ESCUCHA Y SEÑALA.

» Diga a los niños que abran sus libros por la página 13. Dígales que van a aprender nuevas palabras.

» Ponga la pista y diga a los niños que vayan señalando las palabras mientras escuchan. Haga una pausa después de cada palabra y coloque las tarjetas de letras en la pizarra.

» Vuelva a poner la pista mientras los niños escuchan y pídales que repitan después de cada palabra. Asegúrese de que señalan cada palabra mientras escuchan.

» Escriba *arena* en la pizarra debajo de la tarjeta de letra. Señale y diga /*a*/, /*r*/, /*e*/, /*n*/, /*a*/, *arena*. Pronuncie cada letra y haga que los niños repitan. Continúe con el resto de las palabras.

A, arena, avión, B, boca, burro.

2. ESCRIBE Y REPITE.

» Diga a los niños que dibujen con sus dedos cada una de las letras de las palabras en sus libros mientras repiten cada palabra lentamente.

» Póngase de espaldas a la clase mientras usa su dedo para "escribir" *Aa* en el aire. Pida a los niños que repitan su acción y escriban *Aa* en el aire. Continúe con la letra *Bb*.

3. ENCUENTRA.

» Diga una palabra al azar e invite a los niños a que señalen en sus libros la palabra correcta. Siga con el resto de las palabras.

» Después, diga de nuevo estas palabras al azar y pídales que señalen el dibujo correcto.

4. JUEGO: DA UNA PALMADA Y REPITE.

» Diga a los niños que van a jugar a un juego.

» Diga clara y lentamente el abecedario y pida a los niños que den una palmada después de escuchar cada letra. Repita la dinámica, pero dígales ahora que repitan la letra después de usted y luego den una palmada.

» Diga palabras entre las que habrá algunas que comienzan por las letras *a* y *b*. Cuando los niños escuchan una palabra que comienza por *a* o *b*, deberán dar una palmada.

ACTIVIDADES DE REFUERZO

» Recuerde rápidamente a los niños las palabras *sí* y *no*, usando los gestos apropiados con la cabeza.

» Escriba letras al azar en la pizarra que incluyan las letras *Aa* y *Bb* en mayúscula y minúscula. Señale una letra en la pizarra. Si la letra es *Aa* o *Bb*, los niños deben asentir con la cabeza y decir *sí*. Si no lo es, entonces los niños sacuden la cabeza y dicen *no*.

NOTAS

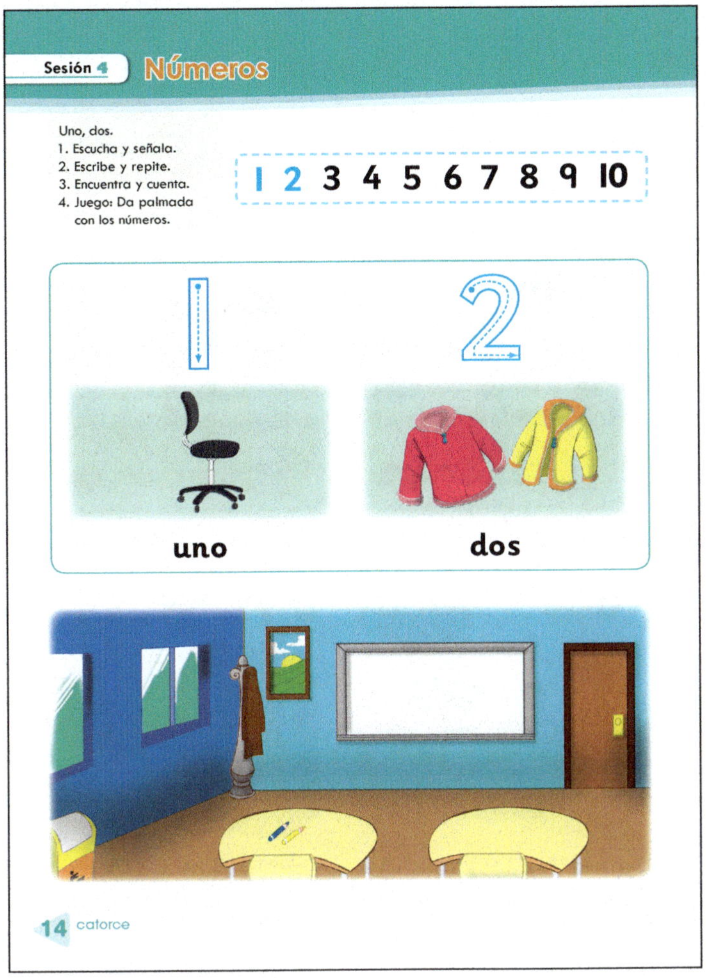

LIBRO DEL ALUMNO **PÁGINA 14**

PRESENTACIÓN

- Diga lentamente los números del 1 al 10 y haga que los niños escuchen.

8 1. ESCUCHA Y SEÑALA.

- Diga a los niños que van a aprender los números *uno* y *dos*.
- Ponga la pista y pida a los niños que señalen cada número mientras escuchan.
- Vuelva a poner la pista mientras los niños escuchan y repiten después de cada número y palabra. Asegúrese de que los niños señalan cada imagen a medida que van diciendo el número y la palabra.

Uno, una silla, dos, dos abrigos.

2. ESCRIBE Y REPITE.

- Diga a los niños que dibujen con sus dedos en sus libros cada uno de los números mientras lo van repitiendo lentamente.

3. ENCUENTRA Y CUENTA.

- Diga la palabra *silla* e invite a los niños a que busquen las sillas en el dibujo. Pídales que cuenten el número de sillas que hay en la clase de la imagen.
- Señale el abrigo y diga *abrigo*. Los niños repiten. Pídales que cuenten la cantidad de abrigos que hay. Señale las ceras que hay en la mesa y diga *ceras*. Los niños repiten. Pídales que cuenten la cantidad de ceras que hay. Señala la puerta y diga *puerta*. Los niños repiten. Pídales que cuenten el número de puertas que hay.

4. JUEGO: DA PALMADA CON LOS NÚMEROS.

- Diga a los niños que van a jugar a un juego.
- Diga clara y lentamente los números del 1 al 10 y pídales que den una palmada después de cada número. Repita la dinámica, pero dígales ahora que repitan los números después de usted y que luego den una palmada.

ACTIVIDADES DE AMPLIACIÓN

- Dibuje una silla en la pizarra o señale en la imagen o en el póster las sillas. Diga *sillas* y los niños repiten. Pídales que cuenten el número de sillas. Luego diga *dos sillas* e invítelos a que repitan. Dibuje dos ceras en la pizarra o señale la imagen. Diga *ceras* y los niños repiten. Pídales que cuenten el número de ceras. Continúe esta dinámica con otros objetos de la imagen, como *puerta* o *ventana*.

Sesión 4

OBJETIVOS

- Identificar, escribir y usar los números 1 y 2.
- Comenzar a leer palabras simples.
- Escribir en letras los números *uno* y *dos*.

VOCABULARIO

Uno, dos, una silla, dos abrigos.

MATERIALES

Audios, tarjetas, póster.

NOTAS

Sesión 5

OBJETIVOS

- Seguir la secuencia de español de izquierda a derecha.
- Desarrollar las destrezas de comprensión oral y escrita en español.
- Entender y disfrutar de una historia.
- Entender la secuencia.
- Revisar y consolidar el lenguaje de la unidad.

VOCABULARIO

Hola. / ¡Hola! / Soy Juan. / Soy David. / Ese es Beni. / Esos son mis amigos. / ¡Hola!

MATERIALES

Audios, tarjetas, póster, papel, ceras.

LIBRO DEL ALUMNO — PÁGINA 15

PRESENTACIÓN

- Señale cada una de las imágenes y revise algunos de los objetos de las imágenes. Señale a *Beni, árbol* y *pelota.* Diga cada palabra mientras señala el dibujo correspondiente.

Cómic Sesión 5

¡Hola!

1. Escucha.
2. Observa y repite.
3. Escucha y practica.

Juan: Hola.
David: ¡Hola!

Juan: Soy Juan.
David: Soy David.

Juan: Ese es Beni.

Juan: Esos son mis amigos.
David: ¡Hola!

quince 15

9 1. ESCUCHA.

- Diga a los niños que abran sus libros por el cómic titulado *¡Hola!* de la página 15.
- Recuérdeles que los cómics españoles son presentados de izquierda a derecha. Levante su libro y señale el orden de las imágenes.
- Diga *Señala el dibujo 1.* Compruebe que los niños están apuntando a la imagen correcta. Diga *Señala el dibujo 2.* Verifique que los niños señalan la imagen 2. Repita esta dinámica con las imágenes 3 y 4.
- Haga preguntas a los niños sobre la historia en su lengua materna: *¿Qué lleva Juan debajo de su brazo? ¿Está Juan en casa o en un parque? ¿Crees que Beni está feliz o triste?*
- Dígales que van a escuchar una pequeña historia. Explique que todas las frases que van a escuchar están en sus libros, debajo de cada imagen.
- Ponga la pista para que los niños escuchen la historia. Haga una pausa después de cada imagen. De momento, no pida a los niños que repitan los diálogos. Haga que vayan señalando cada dibujo mientras escuchan la historia.
- Ponga de nuevo la pista, haciendo una pausa después de cada frase. Los niños repiten las frases en grupo e individualmente.
- Pida a los niños que le cuenten en su lengua materna lo que entendieron. Ponga la pista nuevamente si fuera necesario.

Hola. / ¡Hola! / Soy Juan. / Soy David. / Ese es Beni. / Esos son mis amigos. / ¡Hola!

2. OBSERVA Y REPITE.

- Coloque el póster en la pizarra para que los niños lo vean con claridad. Diga una frase muy lentamente mientras señala cada palabra. Repita la frase nuevamente haciendo una pausa después de cada palabra para que los niños repitan.

9 3. ESCUCHA Y PRACTICA.

- Diga al grupo que van a representar la historia.
- Invite a seis niños a ponerse de pie delante de la clase y a que representen la historia con usted.
- Represente la historia frente a la clase mientras los niños miran y escuchan.
- Represente y haga mímica de la historia con los niños, animándolos y ayudándoles tanto como sea necesario. Llame a otros voluntarios para representar la historia.

ACTIVIDADES DE REFUERZO

- Entregue a cada niño una hoja de papel.
- Pídales que dibujen a un/a amigo/a. Luego dígales que coloreen su dibujo. Invite a cada niño a compartir su dibujo con el resto de la clase, diciendo el nombre de su amigo/a.

Sesión 6

OBJETIVOS

» Seguir la secuencia de español de izquierda a derecha.
» Desarrollar las destrezas de comprensión oral y escrita en español.
» Entender y disfrutar de una canción.
» Revisar y consolidar el lenguaje de la unidad.

VOCABULARIO

¡Hola! / ¿Cómo estás? / Estoy bien, gracias. / Estoy bien. / ¡Adiós!

MATERIALES

Audios, tarjetas, póster.

NOTAS

LIBRO DEL ALUMNO — PÁGINA 16

PRESENTACIÓN

- Pregunte a los niños sobre lo que sucede en la imagen.

10 1. ESCUCHA.

- Diga a los niños que van a cantar una canción. Pídales que abran sus libros por la página 16.
- Ponga la pista y dígales que escuchen la canción. Ponga de nuevo la canción mientras los niños escuchan.

¡Hola! / ¿Cómo estás? / Estoy bien, gracias. / Estoy bien. / ¡Adiós!

10 2. ESCUCHA Y SEÑALA.

- Ponga de nuevo la pista mientras los niños escuchan y señalan cada palabra.
- Asegúrese de que los niños siguen la letra de la canción.

10 3. CANTA.

- Vuelva a poner la pista mientras los niños escuchan y señalan cada palabra. Invítelos a cantar.

Sesión 7

OBJETIVOS

- Revisar las letras *Aa* – *Bb*.
- Trazar y escribir las letras *Aa* – *Bb*.
- Desarrollar la psicomotricidad fina.

VOCABULARIO

Arena, avión, boca, burro.

MATERIALES

Audios, tarjetas.

LIBRO DEL ALUMNO — **PÁGINA 17**

PRESENTACIÓN

- Pregunte a los niños si pueden nombrar alguna de las letras de la imagen.

11 1. ESCUCHA Y REPITE.

- Diga a los niños que van a revisar las letras *Aa* y *Bb*.
- Pídales que abran sus libros por la página 17.
- Diga cada letra y su sonido. Los niños repiten.

A, B.

2. SEÑALA Y REPITE.

- Diga cada letra mientras los niños las señalan y las repiten individualmente. Identifique la forma mayúscula y minúscula de cada letra, y asegúrese de que los niños señalan la forma correcta.

3. PRACTICA.

- Revise la pronunciación de cada letra. Haga mímica delante de la clase de algunas palabras e invíteles a decir la palabra correcta. Es posible que los niños no sean capaces de decir todas las palabras. Cuando los niños digan la palabra que usted está gesticulando, pídales que señalen la primera letra de la palabra. Por ejemplo, haga el gesto para la palabra *avión*, abriendo y moviendo los brazos como alas. Los niños dicen *avión*. Luego pídales la primera letra de la palabra para que respondan *a*.

4. JUEGO: DI Y SALTA.

- Diga a los niños que van a jugar a un juego.
- Haga un espacio en frente de la clase para que los niños puedan moverse. Diga una palabra que los niños puedan representar con gestos. Dígales que repitan la palabra y traten de hacer los gestos. Después, los niños saltan.

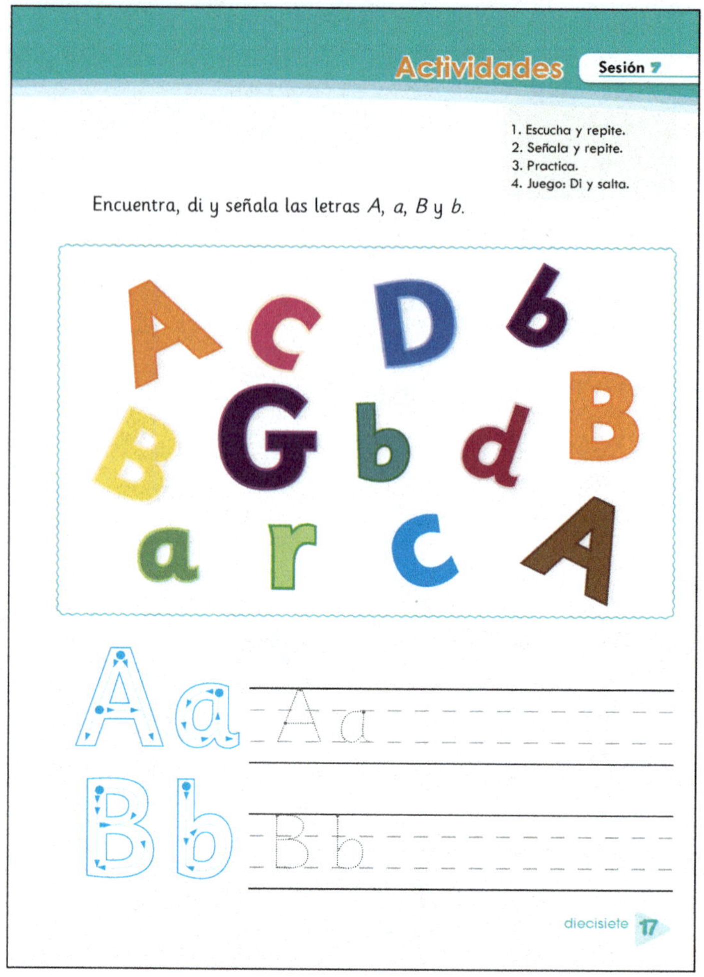
Actividades — Sesión 7

1. Escucha y repite.
2. Señala y repite.
3. Practica.
4. Juego: Di y salta.

Encuentra, di y señala las letras *A*, *a*, *B* y *b*.

diecisiete 17

NOTAS

CUADERNO DE ACTIVIDADES — PÁGINAS 2-9

Explique cada uno de los ejercicios en el *Cuaderno de actividades*. Diga las instrucciones clara y lentamente. En la pizarra, haga uno de los ejercicios para que sepan lo que tienen que hacer. El *Cuaderno de actividades* lo pueden hacer en clase o en casa. Los ejercicios pueden corregirse en clase, en grupo o individualmente.

SESIÓN 1

A. Une.
Los niños tienen que relacionar la imagen del personaje con su nombre correcto.

SESIÓN 2

A. Colorea. Di los nombres.
Los niños tienen que colorear las imágenes de los personajes y decir sus nombres.

SESIÓN 3

A. Une y di.
Los niños deben trazan las líneas para que coincidan con el personaje y luego deben decir el nombre del personaje.

SESIÓN 4

A. Encuentra y rodea.
Los niños deben identificar la imagen correcta y rodearla con el lápiz.

SESIÓN 5

A. Escribe.
Los niños deben trazar y escribir las letras.

B. Colorea y di.
Primero, los niños colorean los dibujos y las letras. Después, dicen la letra y la palabra.

SESIÓN 6

A. Escribe.
Los niños tienen que trazar y escribir las letras.

B. Colorea y di.
Primero, los niños colorean los dibujos y las letras. Después, dicen la letra y la palabra.

SESIÓN 7

A. Cuenta y rodea.
Los niños tienen que contar los dibujos y rodear el número correcto.

B. Escribe.
Los niños deben trazar y escribir los números.

SESIÓN 8

A. Rodea las manzanas *A, a, B* y *b*.
Los niños tienen que leer las letras de las manzanas y colorear las manzanas que tienen las letras *Aa - Bb*.

LIBRO DE LOS NÚMEROS — PÁGINAS 2-7

Explique cada uno de los ejercicios del *Libro de los números*. Diga las instrucciones clara y lentamente. En la pizarra, haga uno de los ejercicios para que sepan lo que tienen que hacer. El *Libro de los números* lo pueden hacer en clase o en casa. Los ejercicios pueden corregirse en clase, en grupo o individualmente.

SESIÓN 1

A. Une.
Los niños trazan las líneas.

SESIÓN 2

A. Observa y une.
Los niños trazan las líneas para que coincidan con la imagen correcta.

SESIÓN 3

A. Encuentra y rodea.
Los niños deben identificar la imagen correcta y rodearla con el lápiz.

SESIÓN 4

A. Escribe y cuenta.
Los niños trazan y cuentan las cosas. Luego escriben los números.

SESIÓN 5

A. Cuenta y une.
Los niños cuentan las cosas y las relacionan con el número correcto.

SESIÓN 6

A. Colorea el dibujo con un gato.
Los niños colorean la imagen que tiene un solo gato.

B. Colorea la imagen con dos perros.
Los niños colorean la imagen que tiene solo dos perros.

UNIDAD 2

Sesión 1

OBJETIVOS

» Identificar a los diferentes miembros de una familia.
» Reconocer sonidos y palabras en español.
» Relacionar palabras escritas con sus significados.

VOCABULARIO

Tía, hermano, papá, abuela, abuelo, mamá, hermana.

MATERIALES

Audios, tarjetas, póster, papel.

LIBRO DEL ALUMNO **PÁGINAS 18-19**

PRESENTACIÓN

» Diga a los niños que observen la escena principal de las páginas 18 y 19. Hágales preguntas sobre la escena en su lengua materna. Algunas preguntas posibles son: *¿Qué está lanzando Juan a Sara? ¿Qué está leyendo la madre de Sara? ¿De qué color es la madeja de lana de la abuela?*

12 1. ESCUCHA Y REPITE.

» Diga a los niños que van a aprender las palabras de algunas personas y miembros de una familia.

» Ponga la pista, sujetando la tarjeta de cada persona, lugar o cosa y su nombre, o señalándolos en el póster. Haga una pausa y pida que señalen la imagen correcta.

» Ponga la pista nuevamente, haciendo una pausa después de cada palabra. Los niños repiten las palabras en grupo e individualmente.

La tía, el hermano, el papá, la abuela, el abuelo, la mamá, la hermana.

2. SEÑALA Y PRACTICA.

» Diga una palabra del vocabulario mientras señala la imagen correcta. Los niños repiten la palabra y señalan la imagen en sus libros.

12 3. ESCUCHA Y ENCUENTRA.

» Diga a los niños que usted va a decir una palabra y que ellos deberán señalar a esa persona, lugar o cosa en sus libros.

» Ponga la pista para recordar el vocabulario aprendido.

» Diga ahora algunas de las palabras al azar. Cuando las vaya diciendo, vaya mostrando la tarjeta de vocabulario correspondiente o señalándola en el póster como apoyo visual.

ACTIVIDADES DE REFUERZO

» Entregue a cada niño una hoja de papel. Pídales que hagan un dibujo de ellos mismos y de su familia.

» Después, haga que cada niño se sitúe delante de la clase para mostrar su dibujo al resto de compañeros.

NOTAS

Sesión 2 Estructura

Él es mi papá.
Ella es mi mamá.
Él es mi hermano.
1. Escucha y repite.
2. Señala y repite.
3. Practica.

20 veinte

Sesión 2

OBJETIVOS

» Indicar el nombre de un miembro de la familia.

ESTRUCTURA

Él es mi papá. / Ella es mi mamá. / Él es mi hermano.

MATERIALES

Audios, tarjetas, póster.

» Represente la conversación frente a la clase mientras los niños observan y escuchan.

» Pida que un niño se sitúe de pie frente a la clase. Haga la conversación con el niño, anímelo y ayúdelo tanto como sea necesario. Pida un voluntario diferente para cada una de las conversaciones.

ACTIVIDADES DE REFUERZO

» Haga un gran espacio en el aula para que los niños formen un círculo. Señale a un niño y diga una palabra del vocabulario. Por ejemplo, diga *papá* y el niño repite la palabra e intenta decir otra palabra del vocabulario como *mamá*. Continúe con el resto de la clase.

LIBRO DEL ALUMNO — PÁGINA 20

PRESENTACIÓN

» Indique a los niños que observen las imágenes de la página 20. Hágales preguntas en su lengua materna. Algunas preguntas posibles son: *¿Qué está haciendo el padre de Pablo? ¿Qué está sujetando la mamá de Juan? ¿Juan se está divirtiendo?*

(13) 1. ESCUCHA Y REPITE.

» Diga a los niños que observen cada una de las tres imágenes y que piensen de qué pueden estar hablando los personajes.

» Ponga la pista y haga que los niños señalen la imagen correcta mientras escuchan cada conversación.

» Ponga de nuevo la pista, haciendo una pausa después de cada frase. Los niños repiten las palabras en grupo e individualmente.

Él es mi papá. / Ella es mi mamá. / Él es mi hermano.

2. SEÑALA Y REPITE.

» Proyecte el diálogo en la pizarra para que los niños lo vean con claridad. Diga lentamente una frase mientras va señalando cada palabra.

» Repita la frase nuevamente haciendo una pausa después de cada palabra para que los niños puedan repetir después de usted.

3. PRACTICA.

» Diga a los niños que van a representar la conversación.

NOTAS

OBJETIVOS

» Decir, reconocer y escribir las letras /Cc/ y /Dd/.
» Reconocer y decir los sonidos /Cc/ y /Dd/.
» Desarrollar la psicomotricidad fina.

VOCABULARIO

Caja, cebra, circo, cometa, dedo, dado.

MATERIALES

Audios, tarjetas, póster, pelota.

LIBRO DEL ALUMNO **PÁGINA 21**

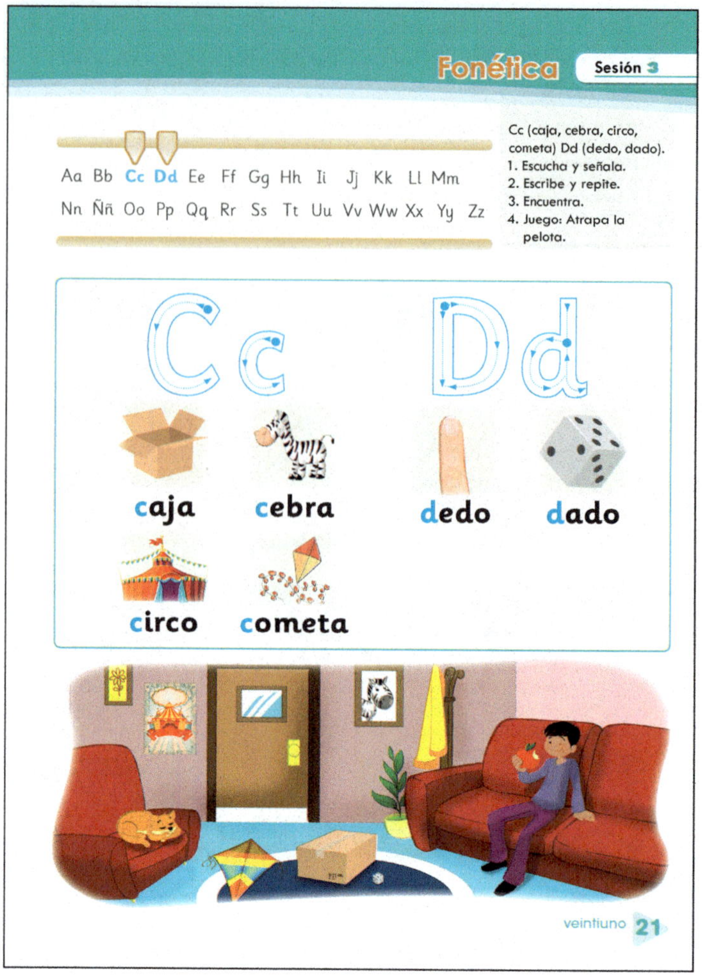
Fonética Sesión 3

Aa Bb Cc Dd Ee Ff Gg Hh Ii Jj Kk Ll Mm
Nn Ññ Oo Pp Qq Rr Ss Tt Uu Vv Ww Xx Yy Zz

Cc (caja, cebra, circo, cometa) Dd (dedo, dado).
1. Escucha y señala.
2. Escribe y repite.
3. Encuentra.
4. Juego: Atrapa la pelota.

Cc Dd
caja cebra dedo dado
circo cometa

veintiuno 21

PRESENTACIÓN

» Escriba *caja, cebra, circo, cometa, dedo* y *dado* en la pizarra. Diga cada palabra mientras las va señalando. Invite a los niños a que las repitan.

14 1. ESCUCHA Y SEÑALA.

» Diga a los niños que abran sus libros por la página 21. Dígales que van a aprender nuevas palabras.

» Ponga la pista. Diga a los niños que señalen cada palabra mientras la escuchan. Haga una pausa después de cada palabra y coloque las tarjetas de letras en la pizarra.

» Vuelva a poner la pista mientras los niños escuchan y repiten después de cada palabra. Asegúrese de niños van señalando las palabras cuando las escuchan.

» Escriba *caja* en la pizarra debajo de su tarjeta de letra. Señale y diga */c/, /a/, /j/, /a/, caja.* Pronuncie cada letra y pida a los niños que repitan. Continúe con esta dinámica con el resto de palabras.

C, caja, cebra, circo, cometa, D, dedo, dado.

2. ESCRIBE Y REPITE.

» Diga a los niños que escriban en sus libros con su dedo cada una de las letras de las palabras mientras las van repitiendo lentamente.

» Póngase de espaldas a la clase mientras usa su dedo para "escribir" *Cc* en el aire. Pida a los niños que imiten su acción y escriba *Cc* en el aire. Continúe con la letra *Dd.*

3. ENCUENTRA.

» Diga una de las palabras al azar y pida a los niños que la señalen en sus libros.

» Dígales que señalen la imagen correcta mientras usted va diciendo palabras al azar.

4. JUEGO: ATRAPA LA PELOTA.

» Diga a los niños que van a jugar a un juego.

» Haga que los niños se pongan en círculo en el aula. Diga clara y lentamente el abecedario en español. Cuando diga la letra *A,* lance la pelota al primer alumno situado a su derecha. El niño atrapa la pelota y dice la siguiente letra *(B).* Ayude a los niños si fuera necesario. Continúe diciendo las letras en orden alfabético y vaya lanzando la pelota hasta la última letra *(Z).*

ACTIVIDADES DE REFUERZO

» Recuerde rápidamente a los niños las palabras *sí* y *no,* usando los gestos apropiados con la cabeza.

» Escriba letras al azar en la pizarra que incluyan las letras *Cc* y *Dd* en mayúscula y minúscula. Señale una letra en la pizarra. Si la letra es *Cc* o *Dd,* los niños deben asentir con la cabeza y decir *sí.* Si no lo es, entonces los niños sacuden la cabeza y dicen *no.*

NOTAS

Sesión 4 Números

Tres, cuatro.
1. Escucha y señala.
2. Escribe y repite.
3. Encuentra y cuenta.
4. Juego: Rodea el número.

1 2 3 4 5 6 7 8 9 10

3 4

tres cuatro

22 veintidós

LIBRO DEL ALUMNO **PÁGINA 22**

PRESENTACIÓN

» Diga los números del 1 al 10 lentamente y haga que los niños escuchen.

» Dígales que van a jugar a un juego repasando los números 1 y 2. Diga *cuenta*. Dé dos palmadas. Diga *uno, dos*. Dé dos palmadas nuevamente. Después, diga de nuevo *cuenta*, dé ahora una palmada e invite a los niños a contar en voz alta. Repita el aplauso si fuera necesario. Use esta dinámica para repasar los números 1 y 2. Para hacer el juego más divertido, dé palmadas con diferentes ritmos, pausando o acelerando los aplausos.

15 1. ESCUCHA Y SEÑALA.

» Diga a los niños que van a aprender los números *tres* y *cuatro*.

» Ponga la pista y pídales que señalen cada número mientras escuchan.

» Ponga de nuevo la pista para que los niños escuchen y repitan los números. Asegúrese de que señalan correctamente cada número.

Tres, tres muñecas, cuatro, cuatro osos de peluche.

2. ESCRIBE Y REPITE.

» Diga a los niños que tracen cada uno de los números con sus dedos en sus libros mientras repite cada número lentamente.

Sesión 4

OBJETIVOS

» Identificar, escribir y usar los números 3 y 4.
» Comenzar a leer palabras simples.
» Escribir los números *tres* y *cuatro*.

VOCABULARIO

Tres muñecas, cuatro osos de peluche.

MATERIALES

Audios, tarjetas, póster.

3. ENCUENTRA Y CUENTA.

» Señale las muñecas, libros, robots, trenes y osos de peluche. Señale cada uno y diga sus nombres.

» Señale las muñecas y diga *muñecas*. Pida a los niños que encuentren las muñecas en la imagen. Invítelos a que cuenten el número de muñecas que hay.

» Señale los libros y diga *libros*. Los niños repiten. Pídales que cuenten el número de libros que hay.

» Continúe con esta dinámica con las palabras *robots, trenes* y *osos de peluche*.

4. JUEGO: RODEA EL NÚMERO.

» Diga a los niños que van a jugar a un juego.

» Escriba los números del 1 al 4 en la pizarra. Diga un número y pida a un niño que salga a la pizarra y rodee el número correcto. Continúe con esta dinámica con el resto de números.

ACTIVIDADES DE REFUERZO

» Escriba las palabras *uno, dos, tres* y *cuatro* en la parte superior de la pizarra. Señale cada palabra mientras la dice en voz alta. Anime a los niños a repetir las palabras en grupo.

» Escriba los números del 1 al 4 en orden aleatorio en la parte inferior de la pizarra. Por turnos, invite a un niño a que salga a la pizarra y pídale que relacione la palabra con el número correspondiente.

NOTAS

OBJETIVOS

» Seguir la secuencia de español de izquierda a derecha.
» Desarrollar las destrezas de comprensión oral y escrita en español.
» Entender y disfrutar de una historia.
» Revisar y consolidar el lenguaje de la unidad.

VOCABULARIO

¿Dónde está Pablo? / Ella es mi mamá. Ella no es Pablo. / Él es mi papá. Él no es Pablo. / ¡Pablo! Estás aquí.

MATERIALES

Audios, tarjetas, póster.

LIBRO DEL ALUMNO **PÁGINA 23**

Cómic Sesión 5

1. Escucha.
2. Observa y repite.
3. Escucha y practica.

¿Dónde está Pablo?

Ana: ¿Dónde está Pablo?

Ana: Ella es mi mamá. Ella no es Pablo.

Ana: Él es mi papá. Él no es Pablo.

Ana: ¡Pablo! Estás aquí.

veintitrés 23

PRESENTACIÓN

- Señale cada una de las imágenes y revise algunos de los objetos de las imágenes. Señale el dormitorio, la cocina y el salón. Diga cada palabra mientras señala el dibujo correspondiente.

16 1. ESCUCHA.

- Diga a los niños que abran sus libros por el cómic titulado *¿Dónde está Pablo?* de la página 23.
- Recuérdeles que los cómics españoles son presentados de izquierda a derecha. Levante su libro y señale el orden de las imágenes.
- Haga preguntas a los niños sobre la historia en su lengua materna: *¿Qué cosas hay en la habitación de Pablo? ¿Qué está haciendo el padre de Ana en el sofá? ¿Qué está haciendo Pablo?*
- Dígales que van a escuchar una pequeña historia. Explique que todas las frases que van a escuchar están en sus libros, debajo de cada imagen.
- Ponga la pista para que los niños escuchen la historia. Haga una pausa después de cada imagen. De momento, no pida a los niños que repitan los diálogos. Haga que vayan señalando cada dibujo mientras escuchan la historia.
- Ponga de nuevo la pista, haciendo una pausa después de cada frase. Los niños repiten las frases en grupo e individualmente.
- Pida a los niños que le cuenten en su lengua materna lo que entendieron. Ponga la pista nuevamente si fuera necesario.

¿Dónde está Pablo? / Ella es mi mamá. Ella no es Pablo. / Él es mi papá. Él no es Pablo. / ¡Pablo! Estás aquí.

2. OBSERVA Y REPITE.

- Proyecte el cómic en la pizarra para que los niños lo vean con claridad. Diga una frase muy lentamente mientras señala cada palabra. Repita la frase nuevamente haciendo una pausa después de cada palabra para que repitan.

16 3. ESCUCHA Y PRACTICA.

- Diga al grupo que van a representar la historia.
- Invite a cuatro niños a ponerse de pie delante de la clase y a que representen la historia con usted.
- Represente la historia frente a la clase mientras los niños miran y escuchan.
- Represente y haga mímica de la historia con los niños, animándolos y ayudándolos tanto como sea necesario. Llame a otros voluntarios para representar la historia.

ACTIVIDADES DE AMPLIACIÓN

- Diga a los niños que van a jugar a un juego.
- Pida a los niños que se sitúen en círculo. Pida un voluntario para que se sitúe fuera del círculo. Diga *¿Dónde está (Ahmed)?*, señalando al niño que está situado fuera del círculo y pidiendo que los niños repitan. Entonces (Ahmed) entra en el círculo, se sitúa delante de un niño y este niño dice *(Ahmed), ¡estás aquí!* y lo señala. Los niños repiten la frase y señalan a *(Ahmed)*. Continúe esta dinámica con el resto de niños.

LIBRO DEL ALUMNO

PÁGINA 24

PRESENTACIÓN

» Pregunte a los niños sobre lo que sucede en la imagen.

17 1. ESCUCHA.

» Diga a los niños que van a cantar una canción. Pídales que abran sus libros por la página 24.

» Ponga la pista y dígales que escuchen la canción. Ponga de nuevo la canción mientras los niños escuchan.

Esta es mi familia. / Él es mi papá. ¡Hola, papá! / Esta es mi familia. / Ella es mi mamá. ¡Hola, mamá! / Esta es mi familia. / Él es mi hermano. ¡Hola, hermano!

17 2. ESCUCHA Y SEÑALA.

» Ponga de nueva la pista mientras los niños escuchan y señalan cada palabra.

» Asegúrese de que siguen la letra de la canción.

17 3. CANTA.

» Vuelva a ponerla pista mientras los niños escuchan y señalan cada palabra. Invítelos a cantar.

Sesión 6

OBJETIVOS

» Seguir la secuencia de español de izquierda a derecha.
» Desarrollar las destrezas de comprensión oral y escrita en español.
» Entender y disfrutar de una canción.
» Revisar y consolidar el lenguaje de la unidad.

VOCABULARIO

Esta es mi familia. / Él es mi papá. ¡Hola, papá! / Esta es mi familia. / Ella es mi mamá. ¡Hola, mamá! / Esta es mi familia. / Él es mi hermano. ¡Hola, hermano!

MATERIALES

Audios, tarjetas, póster.

NOTAS

OBJETIVOS

- Revisar las letras *Cc - Dd*.
- Trazar y escribir las letras *Cc – Dd*.
- Desarrollar la psicomotricidad fina.

VOCABULARIO

Caja, cebra, circo, cometa, dedo, dado.

MATERIALES

Audios, tarjetas, póster.

LIBRO DEL ALUMNO — PÁGINA 25

PRESENTACIÓN

- Pregunte a los niños si pueden decir alguna de las letras de la imagen.

18 1. ESCUCHA Y REPITE.

- Diga a los niños que van a revisar las letras *Cc* y *Dd*.
- Pídales que abran sus libros por la página 25.
- Diga cada letra y su sonido. Los niños repiten.

C, D.

2. SEÑALA Y REPITE.

- Diga cada letra mientras los niños la señalan y la repiten individualmente. Identifique la forma mayúscula y minúscula de cada letra, y asegúrese de que los niños señalan la forma correcta.

3. PRACTICA.

- Revise la pronunciación de cada letra. Haga mímica delante de la clase de algunas palabras e invíteles a decir la palabra correcta. Es posible que los niños no sean capaces de decir todas las palabras. Cuando los niños digan la palabra que usted está gesticulando, pídales que digan la primera letra de la palabra. Por ejemplo, haga el gesto para la palabra *caja*, abriendo sus solapas. Los niños dicen *caja*. Luego pídales que digan la primera letra de la palabra para que respondan *c*.

4. JUEGO: DI Y TOCA LAS PALMAS.

- Diga a los niños que van a jugar a un juego.
- Haga un espacio en frente de la clase para los niños puedan moverse. Diga una palabra que los niños puedan hacer gestos como, por ejemplo, *cometa*. Dígales que repitan la palabra y traten de hacer gestos, como volando una cometa. Después, los niños tocan las palmas. Continúe con esta dinámica con el resto de las palabras.

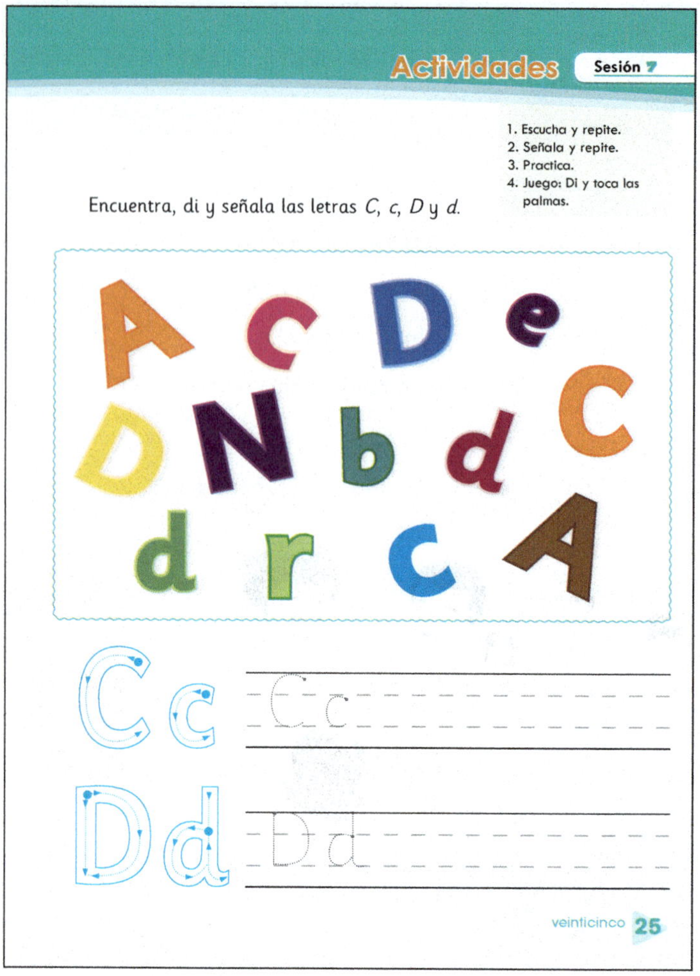

NOTAS

CUADERNO DE ACTIVIDADES PÁGINAS 10-17

» Explique cada uno de los ejercicios en el *Cuaderno de actividades*. Diga las instrucciones clara y lentamente. En la pizarra, haga uno de los ejercicios para que sepan lo que tienen que hacer. El *Cuaderno de actividades* lo pueden hacer en clase o en casa. Los ejercicios pueden corregirse en clase, en grupo o individualmente.

SESIÓN 1

A. Completa y di.
Los niños completan la imagen, uniendo los puntos, y dicen el nombre del miembro de la familia que corresponde.

SESIÓN 2

A. Pega y di.
Los niños tienen que pegar una foto de su familia en el cuadro. Después, dicen a sus compañeros quién es cada miembro de la familia que aparece en la fotografía.

SESIÓN 3

A. Une.
Los niños trazan la línea con la imagen correcta para completar la secuencia.

SESIÓN 4

A. Di y une. Luego, pega.
Los niños dicen los nombres de cada miembro de la familia y, después, unen las cabezas de los personajes con sus cuerpos correspondientes. Por último, ponen las pegatinas en sus caras correspondientes.

SESIÓN 5

A. Escribe.
Los niños deben trazar y escribir las letras.

B. Colorea y di.
Primero, los niños colorean los dibujos y las letras. Después, dicen la letra y la palabra.

SESIÓN 6

A. Escribe.
Los niños tienen que trazar y escribir las letras.

B. Colorea y di.
Primero, los niños colorean los dibujos y las letras. Después, dicen la letra y la palabra.

SESIÓN 7

A. Cuenta y rodea.
Los niños tienen que contar los dibujos y rodear el número correcto.

B. Dibuja.
Los niños deben trazar y escribir los números.

SESIÓN 8

A. Colorea los gatos *C, c, D* y *d*.
Los niños tienen que leer las letras de los gatos y colorear los gatos que tienen las letras *Cc - Dd*.

LIBRO DE LOS NÚMEROS PÁGINAS 8-13

» Explique cada uno de los ejercicios del *Libro de los números*. Diga las instrucciones clara y lentamente. En la pizarra, haga uno de los ejercicios para que sepan lo que tienen que hacer. El *Libro de los números* lo pueden hacer en clase o en casa. Los ejercicios pueden corregirse en clase, en grupo o individualmente.

SESIÓN 1

A. Escribe y cuenta.
Los niños trazan el número y cuentan los objetos. Después, escriben los números.

SESIÓN 2

A. Rodea los grupos de 3.
Los niños cuentan y rodean los grupos de tres cosas.

B. Rodea los grupos de 4.
Los niños cuentan y rodean los grupos de cuatro cosas.

SESIÓN 3

A. Dibuja y cuenta.
Los niños trazan y cuentan las figuras. Después, escriben el número.

SESIÓN 4

A. Cuenta y une.
Los niños cuentan los objetos y los unen al correcto número.

SESIÓN 5

A. Cuenta y rodea.
Los niños cuentan los dibujos y rodean con un círculo el número correcto.

SESIÓN 6

A. Colorea los números 1, 2, 3 y 4.
Los niños colorean los números para revelar la imagen del robot.

UNIDAD 3

Sesión 1

OBJETIVOS

» Identificar diferentes acciones y actividades asociadas con el colegio.
» Reconocer sonidos y palabras en español.
» Relacionar palabras escritas con sus significados.

VOCABULARIO

Colorear, dibujar, jugar, leer, cantar, hablar, escribir.

MATERIALES

Audios, tarjetas, póster, papel.

LIBRO DEL ALUMNO **PÁGINAS 26-27**

PRESENTACIÓN

» Diga a los niños que observen la escena principal de las páginas 26 y 27. Hágales preguntas sobre la escena en su lengua materna. Algunas preguntas posibles son: *¿Qué crees que Sara le está diciendo a la maestra? ¿Qué carta está escribiendo Pablo? ¿A qué juego están jugando los niños?*

19 1. ESCUCHA Y REPITE.

» Diga a los niños que van a aprender las palabras de algunas actividades que realizan en el colegio.

» Ponga la pista, sujetando las tarjetas de vocabulario o señalando las palabras en el póster. Haga una pausa y pida que señalen la imagen correcta.

» Ponga la pista nuevamente, haciendo una pausa después de cada palabra. Los niños repiten las palabras en grupo e individualmente.

Colorear, dibujar, jugar, leer, cantar, hablar, escribir.

2. SEÑALA Y REPITE.

» Diga una palabra del vocabulario mientras señala la imagen correcta. Los niños repiten la palabra y señalan la imagen en sus libros.

19 3. ESCUCHA Y ENCUENTRA.

» Diga a los niños que usted va a decir una palabra y que ellos deberán señalar a esa persona, lugar o cosa en sus libros.

» Ponga la pista para recordar el vocabulario aprendido.

» Diga ahora algunas de las palabras al azar. Cuando las vaya diciendo, vaya mostrando la tarjeta de vocabulario correspondiente o señalándolas en el póster como apoyo visual.

ACTIVIDADES DE AMPLIACIÓN

» Entregue a cada niño una hoja de papel. Pídales que hagan un dibujo de su colegio. Deje que sean creativos en sus dibujos, y si quieren dibujar su aula, el patio del recreo o el edificio de la escuela.

» Cuando hayan terminado sus dibujos, escriba con letra grande en la pizarra la palabra *colegio* y los niños copian la palabra en sus dibujos. Ayúdelos si es necesario.

NOTAS

Sesión 2 Estructura

Yo canto.
Yo leo.
Yo juego.
1. Escucha y repite.
2. Señala y repite.
3. Practica.

28 veintiocho

LIBRO DEL ALUMNO

PÁGINA 28

PRESENTACIÓN

- Indique a los niños que observen las imágenes de la página 28. Hágales preguntas en su lengua materna. Algunas preguntas posibles son: *¿Te gusta cantar como a Sara y a Ana? ¿Con quién está leyendo Ana un libro? ¿A qué están jugando Sara y Ana?*

20 1. ESCUCHA Y REPITE.

- Diga a los niños que observen cada una de las tres imágenes y que piensen de qué pueden estar hablando los personajes.
- Ponga la pista y haga que señalen la imagen correcta mientras escuchan cada conversación.
- Ponga de nuevo la pista, haciendo una pausa después de cada frase. Los niños repiten las palabras en grupo e individualmente.

Yo canto. / Yo leo. / Yo juego.

2. SEÑALA Y REPITE.

- Proyecte el diálogo en la pizarra para que los niños lo vean con claridad. Diga lentamente una frase mientras vaya señalando cada palabra.
- Repita la frase nuevamente haciendo una pausa después de cada palabra para que puedan repetir después de usted.

Sesión 2

OBJETIVOS

- Indicar acciones y actividades.

ESTRUCTURA

Yo canto. / Yo leo. / Yo juego.

MATERIALES

Audios, tarjetas, póster.

3. PRACTICA.

- Diga a los niños que van a representar la conversación.
- Represente la conversación frente a la clase mientras los niños observan y escuchan.
- Pida que un niño se sitúe de pie frente a la clase. Haga la conversación con el niño, anímelo y ayúdelo tanto como sea necesario. Pida un voluntario diferente para cada una de las conversaciones.

ACTIVIDADES DE REFUERZO

- Diga a los niños que van a jugar a un juego.
- Haga que los niños permanezcan sentados en sus mesas. Diga una frase como Yo canto. Los niños tienen que representar la acción de cantar. Luego tocan las palmas tres veces y repiten la frase nuevamente. Continúe con esta dinámica y con el resto de las frases.

NOTAS

Sesión 3

OBJETIVOS

» Decir, reconocer y escribir las letras /Ee/ y /Ff/.
» Reconocer y decir los sonidos /Ee/ y /Ff/.
» Desarrollar la psicomotricidad fina.

VOCABULARIO

Elefante, espejo, foca, fresa.

MATERIALES

Audios, tarjetas, póster.

LIBRO DEL ALUMNO **PÁGINA 29**

PRESENTACIÓN

» Escriba *elefante, espejo, foca* y *fresa* en la pizarra. Diga cada palabra mientras las va señalando. Invite a los niños a que las repitan.

21 1. ESCUCHA Y SEÑALA.

» Diga a los niños que abran sus libros por la página 29. Dígales que van a aprender nuevas palabras.

» Ponga la pista. Pídales que señalen cada palabra mientras la escuchan. Haga una pausa después de cada palabra y coloque las tarjetas de letras en la pizarra.

» Vuelva a poner la pista mientras los niños escuchan y repiten después de cada palabra. Asegúrese de que van señalando las palabras cuando las escuchan.

» Escriba *foca* en la pizarra debajo de su tarjeta de letra. Señale y diga */f/, /o/, /c/, /a/, foca.* Pronuncie cada letra y pida a los niños que repitan. Continúe con esta dinámica con el resto de palabras.

E, elefante, espejo, F, foca, fresa.

2. ESCRIBE Y REPITE.

» Diga a los niños que escriban en sus libros con su dedo cada una de las letras de las palabras mientras las van repitiendo lentamente.

» Póngase de espaldas a la clase mientras usa su dedo para “escribir” *Ee* en el aire. Pida a los niños que imiten su acción y escriba *Ee* en el aire. Continúe con la letra *Ff.*

3. ENCUENTRA.

» Diga una de las palabras al azar y pida a los niños que la señalen en sus libros.

» Dígales que señalen la imagen correcta mientras usted va diciendo palabras al azar.

4. JUEGO: DILO TRES VECES.

» Diga a los niños que van a jugar a un juego.

» Muestre a los niños cómo dar un paso adelante. Entonces diga la palabra *espejo* tres veces. Dígales que repitan la palabra tres veces y, luego, den un paso adelante. Continúe con esta dinámica con el resto de las palabras.

ACTIVIDADES DE REFUERZO

» Recuerde rápidamente a los niños las palabras *sí* y *no,* usando los gestos apropiados con la cabeza.

» Escriba letras al azar en la pizarra que incluyan las letras *Ee* y *Ff* en mayúscula y minúscula. Señale una letra en la pizarra. Si la letra es *Ee* o *Ff,* los niños deben asentir con la cabeza y decir *sí.* Si no lo es, entonces los niños sacuden la cabeza y dicen *no.*

NOTAS

Sesión 4 Números

Cinco.
1. Escucha y señala.
2. Escribe y repite.
3. Encuentra y cuenta.
4. Juego: Salta los números.

1 2 3 4 5 6 7 8 9 10

5

cinco

30 treinta

LIBRO DEL ALUMNO **PÁGINA 30**

PRESENTACIÓN

» Repase los números del 1 al 4. Escriba un número en la pizarra y pida a los niños que lo digan en voz alta.

22 1. ESCUCHA Y SEÑALA.

» Diga a los niños que van a aprender el número cinco.

» Ponga la pista y pídales que señalen cada número mientras escuchan.

» Ponga de nuevo la pista para que escuchen y repitan los números. Asegúrese de que señalan correctamente cada número.

Cinco, cinco pájaros.

2. ESCRIBE Y REPITE.

» Diga a los niños que tracen cada uno de los números del 1 al 5 con sus dedos en sus libros mientras repite cada número lentamente.

3. ENCUENTRA Y CUENTA.

» Señale los pájaros y diga *pájaros*. Pida a los niños que encuentren los pájaros en la imagen. Invítelos a que cuenten el número de pájaros que hay.

» Señale las nubes y diga *nubes*. Los niños repiten. Pídales que cuenten el número de nubes que hay.

» Continúe con esta dinámica con las palabras *dibujos* y *manzanas*.

Sesión 4

OBJETIVOS

» Identificar, escribir y usar el número 5.
» Comenzar a leer palabras simples.
» Escribir el número *cinco*.

VOCABULARIO

Tres pájaros.

MATERIALES

Audios, tarjetas, póster, lápices, gomas, libros.

4. JUEGO: SALTA LOS NÚMEROS.

» Diga a los niños que van a jugar a un juego.

» Escriba los números del 1 al 5 en la pizarra. Diga *cinco* y salte cinco veces. Los niños repiten el número y la acción. Continúe esta dinámica con el resto de números.

ACTIVIDADES DE REFUERZO

» Escriba las palabras *uno, dos, tres, cuatro* y *cinco* en la parte superior de la pizarra. Los niños tienen que contar el número de objetos que hay en la clase. Por ejemplo, coja cinco lápices y pídales que cuenten el número de lápices que tiene. Repita esta dinámica con otros elementos de la clase, como libros, cajas de lápices, gomas, mochilas, dibujos, ventanas, puertas, etc.

NOTAS

Sesión 5

OBJETIVOS

» Seguir la secuencia de español de izquierda a derecha.
» Desarrollar las destrezas de comprensión oral y escrita en español.
» Entender y disfrutar de una historia.
» Revisar y consolidar el lenguaje de la unidad.

VOCABULARIO

¿Qué haces? / Yo coloreo. / ¿Qué haces? / Yo leo. / ¿Qué haces? / Yo juego. / ¿Qué hacéis? / Descansamos.

MATERIALES

Audios, tarjetas, póster.

LIBRO DEL ALUMNO **PÁGINA 31**

PRESENTACIÓN

- Señale cada una de las imágenes y revise algunos de los objetos que aparecen. Señale el sofá, los libros, la pelota y el papel. Diga cada palabra mientras señala el dibujo correspondiente.

23 1. ESCUCHA.

- Diga a los niños que abran sus libros por el cómic titulado *¿Qué haces?* de la página 31.
- Recuérdeles que los cómics españoles son presentados de izquierda a derecha. Levante su libro y señale el orden de las imágenes.
- Haga preguntas a los niños sobre la historia en su lengua materna: *¿Qué dibujo hicieron Pablo y Juan? ¿De qué color es la pelota de Ana? ¿Por qué crees que Juan y Pablo están cansados?*
- Dígales que van a escuchar una pequeña historia. Explique que todas las frases que van a escuchar están en sus libros, debajo de cada imagen.
- Ponga la pista para que escuchen la historia. Haga una pausa después de cada imagen. De momento, no pida que repitan los diálogos. Haga que vayan señalando cada dibujo mientras escuchan la historia.
- Ponga de nuevo la pista, haciendo una pausa después de cada frase. Los niños repiten las frases en grupo e individualmente.
- Pida a los niños que le cuenten en su lengua materna lo que entendieron. Ponga la pista nuevamente si fuera necesario.

¿Qué haces? / Yo coloreo. / ¿Qué haces? / Yo leo. / ¿Qué haces? / Yo juego. / ¿Qué hacen? / Descansamos.

2. OBSERVA Y REPITE.

- Proyecte el diálogo en la pizarra para que los niños lo vean con claridad. Diga una frase muy lentamente mientras señala cada palabra. Repita la frase nuevamente haciendo una pausa después de cada palabra para que repitan.

23 3. ESCUCHA Y PRACTICA.

- Diga al grupo que van a representar la historia.
- Invite a cuatro niños a ponerse de pie delante de la clase y a que representen la historia con usted.
- Represente la historia frente a la clase mientras los niños miran y escuchan.
- Represente y haga mímica de la historia con ellos, animándolos y ayudándolos tanto como sea necesario. Llame a otros voluntarios para representar la historia.

ACTIVIDADES DE AMPLIACIÓN

- Diga a los niños que van a jugar a un juego.
- Escriba *Yo dibujo, Yo coloreo, Yo leo* y *Yo juego* en la pizarra. Señale cada frase y haga mímica frente a la clase representando cada una. Divida la clase en tres grupos y haga que los niños se pongan en tres filas. Señale una de las frases de la pizarra. El primer niño de cada fila tiene que representar la acción. Cuando el primer niño termine, el siguiente niño imita la acción, y este proceso continúa hasta el último de la fila. Continúe con esta dinámica con el resto de frases.

Sesión 6 Canción

1. Escucha.
2. Escucha y señala.
3. Canta.

¿Qué haces?

¿Qué haces?
Yo coloreo.
¿Qué haces?
Yo canto.
¿Qué haces?
Yo escribo.

¿Qué haces?
Yo juego.
¿Qué haces?
Yo descanso.

32 treinta y dos

Sesión 6

OBJETIVOS

- Seguir la secuencia de español de izquierda a derecha.
- Desarrollar las destrezas de comprensión oral y escrita en español.
- Entender y disfrutar de una canción.
- Revisar y consolidar el lenguaje de la unidad.

VOCABULARIO

¿Qué haces? / Yo coloreo. / ¿Qué haces? / Yo canto / ¿Qué haces? / Yo escribo. / ¿Qué haces? / Yo juego. / ¿Qué hacéis? / Descansamos.

MATERIALES

Audios, tarjetas, póster.

NOTAS

LIBRO DEL ALUMNO

PÁGINA 32

PRESENTACIÓN

- Pregunte a los niños sobre lo que sucede en la imagen.

24 1. ESCUCHA.

- Diga a los niños que van a cantar una canción. Pídales que abran sus libros por la página 32.
- Ponga la pista y dígales que escuchen la canción. Ponga de nuevo la canción mientras los niños escuchan.

> ¿Qué haces? / Yo coloreo. / ¿Qué haces? / Yo canto / ¿Qué haces? / Yo escribo. / ¿Qué haces? / Yo juego. / ¿Qué hacéis? / Descansamos.

24 2. ESCUCHA Y SEÑALA.

- Ponga de nueva la pista mientras los niños escuchan y señalan cada palabra.
- Asegúrese de que siguen la letra de la canción.

24 3. CANTA.

- Vuelva a ponerla pista mientras los niños escuchan y señalan cada palabra. Invítelos a cantar.

OBJETIVOS

- Revisar las letras *Ee – Ff*.
- Trazar y escribir las letras *Ee – Ff*.
- Desarrollar la psicomotricidad fina.

VOCABULARIO

Elefante, espejo, foca, fresa.

MATERIALES

Audios, tarjetas, póster.

LIBRO DEL ALUMNO **PÁGINA 33**

PRESENTACIÓN

- Pregunte a los niños si pueden nombrar alguna de las letras de la imagen.

25 1. ESCUCHA Y REPITE.

- Diga a los niños que van a revisar las letras *Ee* y *Ff*.
- Pídales que abran sus libros por la página 33.
- Diga cada letra y su sonido. Los niños repiten.

E, F.

2. SEÑALA Y REPITE.

- Diga cada letra mientras los niños señalan letra y repiten individualmente. Identifique la forma mayúscula y minúscula de cada letra, y asegúrese de que señalan la forma correcta.

3. PRACTICA.

- Revise la pronunciación de cada letra. Haga mímica delante de la clase de algunas palabras e invítelos a decir la palabra correcta. Es posible que no sean capaces de decir todas las palabras. Cuando los niños digan la palabra que usted está gesticulando, pídales que señalen la primera letra de la palabra. Por ejemplo, haga un gesto para la palabra *espejo*, sujetándolo con la mano y mirándose en el mismo. Los niños dicen *espejo*. Luego pídales la primera letra de la palabra para que respondan *e*.

4. JUEGO: SIMÓN DICE.

- Diga a los niños que van a jugar a un juego.
- Pida que un voluntario salga delante de la clase. Diga *Simón dice* y el niño repite. Después, pídale que repita *Simón dice: di elefante tres veces*. Los niños repiten elefante tres veces. Continúe la dinámica con diferentes palabras y números.

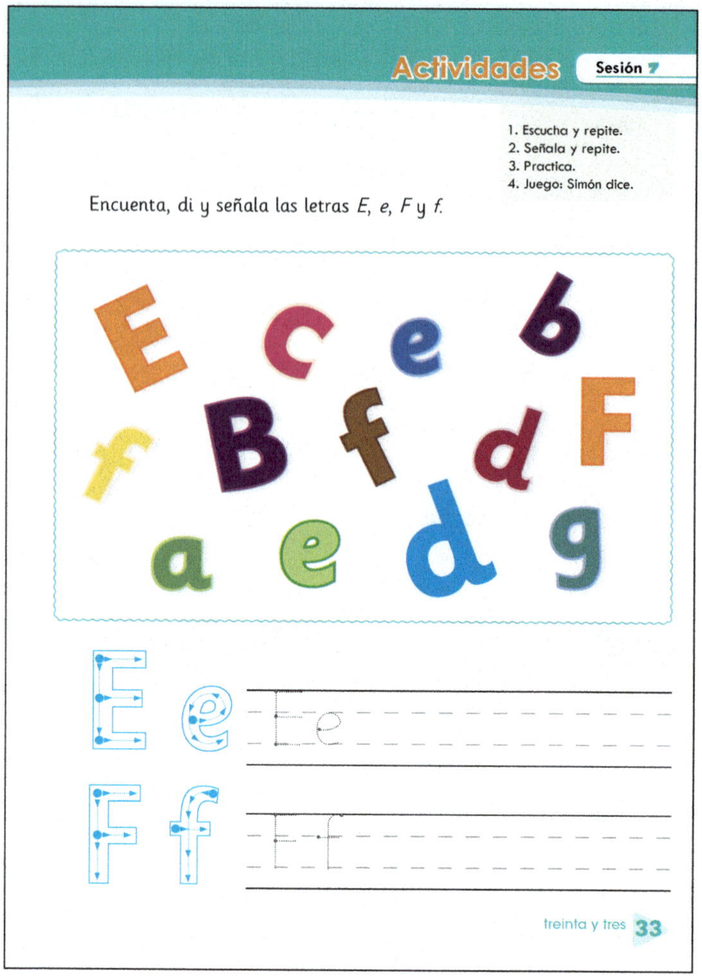

Actividades Sesión 7

1. Escucha y repite.
2. Señala y repite.
3. Practica.
4. Juego: Simón dice.

Encuenta, di y señala las letras *E*, *e*, *F* y *f*.

treinta y tres 33

NOTAS

CUADERNO DE ACTIVIDADES — PÁGINAS 18-25

» Explique cada uno de los ejercicios en el *Cuaderno de actividades*. Diga las instrucciones clara y lentamente. En la pizarra, haga uno de los ejercicios para que sepan lo que tienen que hacer. El *Cuaderno de actividades* lo pueden hacer en clase o en casa. Los ejercicios pueden corregirse en clase, en grupo o individualmente.

SESIÓN 1

A. Colorea y une.
Los niños colorean las palabras y las unen con su imagen correcta.

SESIÓN 2

A. Mira y une.
Los niños tienen que relacionar los objetos con las imágenes correctas.

SESIÓN 3

A. Encuentra y rodea.
Los niños tienen que rodear la imagen que se corresponde con el dibujo de la columna de la izquierda.

SESIÓN 4

A. Di y une.
Los niños dicen los nombres de cada una de las palabras representadas en los dibujos y, después, unen la imagen que corresponde según la secuencia correcta.

SESIÓN 5

A. Escribe.
Los niños deben trazar y escribir las letras.

B. Colorea y di.
Primero, los niños colorean los dibujos y las letras. Después, dicen la letra y la palabra.

SESIÓN 6

A. Escribe.
Los niños tienen que trazar y escribir las letras.

B. Colorea y di.
Primero, los niños colorean los dibujos y las letras. Después, dicen la letra y la palabra.

SESIÓN 7

A. Une.
Los niños tienen que contar los dibujos y rodear el número correcto.

B. Escribe.
Los niños deben trazar y escribir los números.

SESIÓN 8

A. Colorea los peces *E, e, F* y *f*.
Los niños tienen que leer las letras de los peces y colorear los peces que tienen las letras *Ee - Ff*.

LIBRO DE LOS NÚMEROS — PÁGINAS 14-19

» Explique cada uno de los ejercicios del *Libro de los números*. Diga las instrucciones clara y lentamente. En la pizarra, haga uno de los ejercicios para que sepan lo que tienen que hacer. El *Libro de los números* lo pueden hacer en clase o en casa. Los ejercicios pueden corregirse en clase, en grupo o individualmente.

SESIÓN 1

A. Dibuja y cuenta.
Los niños trazan el número y cuentan los objetos. Después, escriben los números.

B. Une.
Los niños relacionan las imágenes y sus siluetas.

SESIÓN 2

A. Cuenta y une.
Los niños cuentan los dibujos y lo relacionan con el número cinco.

B. Cuenta y colorea.
Los niños cuentan y colorean en cada imagen la cantidad que se les pide.

SESIÓN 3

A. Cuenta y rodea los grupos de 5.
Los niños cuentan los objetos y rodean los grupos que forman cinco cosas.

SESIÓN 4

A. Sigue los números.
Los niños unen los mismos números para llegar al final.

SESIÓN 5

A. Cuenta y colorea.
Los niños cuentan los dibujos y colorean el número correcto.

SESIÓN 6

A. Observa, cuenta y escribe.
Los niños cuentan cada uno de los objetos y escriben el número correcto.

UNIDAD 4

Sesión 1

OBJETIVOS

- Identificar diferentes tipos de juguetes.
- Reconocer sonidos y palabras en español.
- Relacionar palabras escritas con sus significados.

VOCABULARIO

Globo, cubos, barco, coche, robot, muñeca, peluche, yoyó, robot, oso de peluche.

MATERIALES

Audios, tarjetas, póster, cubos, globos, yoyó, robot y oso de peluche.

LIBRO DEL ALUMNO **PÁGINAS 34-35**

PRESENTACIÓN

- Diga a los niños que miren la escena principal de las páginas 34 y 35. Hágales preguntas sobre la escena principal en su lengua materna. Algunas preguntas posibles son: *¿Con qué juguete está jugando Ana? ¿Con qué juguete está jugando Pablo? ¿De qué color es el coche?*

26 1. ESCUCHA Y REPITE.

- Diga a los niños que van a aprender las palabras de algunos juguetes en español.
- Ponga la pista, sujetando la tarjeta de cada juguete o señalándolos en el póster. Haga una pausa y pida que señalen la imagen correcta.
- Ponga la pista nuevamente, haciendo una pausa después de cada palabra. Los niños repiten las palabras en grupo e individualmente.

El globo, los cubos, el barco, el coche, el robot, la muñeca, el peluche, el yoyó.

2. SEÑALA Y REPITE.

- Diga una palabra del vocabulario mientras señala la imagen correcta. Los niños repiten la palabra y señalan la imagen en sus libros.

26 3. ESCUCHA Y ENCUENTRA.

- Diga a los niños que usted va a decir una palabra y que ellos deberán señalar el juguete correspondiente en sus libros.
- Ponga la pista para recordar el vocabulario aprendido.

- Diga ahora algunas de las palabras al azar. Cuando las vaya diciendo, vaya mostrando la tarjeta de vocabulario correspondiente o señalándolas en el póster como apoyo visual.

ACTIVIDADES DE AMPLIACIÓN

- Entregue a cada niño una hoja de papel. Pídales que hagan un dibujo de su colegio. Deje que sean creativos en sus dibujos y si quieren dibujar su aula, el patio de recreo o el edificio de la escuela.
- Cuando hayan terminado sus dibujos, escriba con letra grande en la pizarra la palabra *colegio* y los niños copian la palabra en sus dibujos. Ayúdelos si es necesario.
- Lleve juguetes a la clase como cubos, un robot, un oso de peluche o un coche. Ponga los juguetes en la mesa. Entregue un juguete a un niño y este se lo pasa a otro hasta que todos lo hayan sujetado. Cuando cada niño recibe el juguete, dice el nombre del juguete. Continúe con esta dinámica con el resto de los juguetes.

LIBRO DEL ALUMNO — PÁGINA 36

PRESENTACIÓN

» Indique a los niños que observen las imágenes de la página 36. Hágales preguntas en su lengua materna. Algunas preguntas posibles son: *¿Crees que a Sara le gusta su globo? ¿Qué está sujetando Carlos en su mano? ¿Quién tiene el yoyó: Juan o Carlos?*

27 1. ESCUCHA Y REPITE.

» Diga a los niños que observen cada una de las tres imágenes y que piensen de qué pueden estar hablando los personajes.

» Ponga la pista y haga que señalen la imagen correcta mientras escuchan cada conversación.

» Ponga de nuevo la pista, haciendo una pausa después de cada frase. Los niños repiten las palabras en grupo e individualmente.

Este es mi globo. / Este es mi coche. / Este es tu yoyó.

2. SEÑALA Y REPITE.

» Proyecte el diálogo en la pizarra para que los niños lo vean con claridad. Diga lentamente una frase mientras va señalando cada palabra.

» Repita la frase nuevamente haciendo una pausa después de cada palabra para que puedan repetir después de usted.

Sesión 2

OBJETIVOS

» Decir las cosas que se posee.
» Desarrollar la psicomotricidad fina.

ESTRUCTURA

Este es mi globo. / Este es mi coche. / Este es tu yoyó.

MATERIALES

Audios, tarjetas, póster, papel, ceras.

3. PRACTICA.

» Diga a los niños que van a representar la conversación.

» Represente la conversación frente a la clase mientras observan y escuchan.

» Pida que un niño se sitúe de pie frente a la clase. Haga la conversación con el niño, anímelo y ayúdelo tanto como sea necesario. Pida un voluntario diferente para cada una de las conversaciones.

ACTIVIDADES DE REFUERZO

» Entregue a cada niño una hoja de papel y haga que dibujen su juguete favorito. Después, colorean sus dibujos. Ayúdelos a escribir en sus imágenes el nombre correcto del juguete.

NOTAS

Sesión 3

OBJETIVOS

» Decir, reconocer y escribir las letras /Gg/ y /Hh/.
» Reconocer y decir los sonidos /Gg/ y /Hh/.
» Desarrollar la psicomotricidad fina.

VOCABULARIO

gato, gusano, hormiga, huevo.

MATERIALES

Audios, tarjetas, póster.

LIBRO DEL ALUMNO **PÁGINA 37**

PRESENTACIÓN

» Escriba *gato, gusano, hormiga* y *huevo* en la pizarra. Diga cada palabra mientras las va señalando. Invite a los niños a que las repitan.

28 1. ESCUCHA Y SEÑALA.

» Diga a los niños que abran sus libros por la página 37. Dígales que van a aprender nuevas palabras.

» Ponga la pista. Dígales que señalen cada palabra mientras las escuchan. Haga una pausa después de cada palabra y coloque las tarjetas de letras en la pizarra.

» Vuelva a poner la pista mientras los niños escuchan y repiten después de cada palabra. Asegúrese de que van señalando las palabras cuando las escuchan.

» Escriba *gato* en la pizarra debajo de su tarjeta de letra. Señale y diga */g/, /a/, /t/, /o/, gato.* Pronuncie cada letra y pida a los niños que repitan. Continúe con esta dinámica con el resto de palabras.

G, gato, gusano, H, hormiga, huevo.

2. ESCRIBE Y REPITE.

» Diga a los niños que escriban en sus libros con su dedo cada una de las letras de las palabras mientras las van repitiendo lentamente.

» Póngase de espaldas a la clase mientras usa su dedo para "escribir" *Gg* en el aire. Pida a los niños que imiten su acción y escriba *Gg* en el aire. Continúe con la letra *Hh*.

3. ENCUENTRA.

» Diga una de las palabras al azar y pida a los niños que la señalen en sus libros.

» Dígales que señalen la imagen correcta mientras usted va diciendo palabras al azar.

4. JUEGO: EL INTRUSO

» Diga a los niños que van a jugar a un juego.

» Repase las letras *a - f.* Primero, diga las letras y haga que los niños repitan. Luego diga el sonido de cada letra y los niños repiten. Diga palabras que comienzan con esas letras. Cuando los niños escuchen palabras que comienzan con las letras *a - f,* permanecerán sentados. Cuando escuchen palabras que empiecen por letras diferentes que no reconozcan, se pondrán de pie. Algunas palabras sugeridas son: *hueso, lago, coche, luna, huevo, caja, dos, mapa, arena.*

NOTAS

LIBRO DEL ALUMNO — PÁGINA 38

PRESENTACIÓN

» Repase los números del 1 al 5. Escriba los números en la pizarra desordenados y pida a los niños que los digan en voz alta. Después, invite a un niño a salir a la pizarra y que una el 1 con el 2. Llame a otro y que una el 2 con el 3. Siga con esta dinámica hasta que estén todos los números unidos.

(29) 1. ESCUCHA Y SEÑALA.

» Diga a los niños que van a revisar los números del uno al cinco.

» Ponga la pista y pídales que señalen cada número mientras escuchan.

» Ponga de nuevo la pista para que los niños escuchen y repitan los números. Asegúrese de que señalan correctamente cada número.

Un mono, dos monos, tres monos, cuatro monos, cinco monos.

2. ESCRIBE Y REPITE.

» Diga a los niños que tracen cada uno de los números del 1 al 5 con sus dedos en sus libros mientras repite cada número lentamente.

3. ENCUENTRA Y CUENTA.

» Señale los *monos, pájaros, plátanos, árboles* y *explotadores* de la imagen. Señale uno a uno y diga su nombre.

» Señale los monos y diga *monos*. Los niños repiten. Pídales que cuenten la cantidad de monos que hay en la imagen.

Sesión 4

OBJETIVOS

» Revisar los números 1-5.

» Comenzar a leer palabras simples.

» Escribir los números *uno, dos, tres, cuatro* y *cinco*.

VOCABULARIO

Un mono, dos monos, tres monos, cuatro monos, cinco monos.

MATERIALES

Audios, tarjetas, póster.

» Señale los pájaros y diga *pájaros*. Los niños repiten. Pídales que cuenten la cantidad de pájaros que hay en la imagen.

» Señale los plátanos y diga *plátanos*. Los niños repiten. Pídales que cuenten la cantidad de plátanos que hay en la imagen.

» Señale los árboles y diga *árboles*. Los niños repiten. Pídales que cuenten la cantidad de árboles que hay en la imagen.

» Por último, señale a los exploradores y diga *exploradores*. Los niños repiten. Pídales que cuenten la cantidad de exploradores que hay en la imagen.

4. JUEGO: CUENTA TRES VECES.

» Diga a los niños que van a jugar a un juego.

» Divida a los niños en grupos de cuatro. Deje que cada grupo tome un turno contando del 1 al 5. Un niño dice *uno* y el siguiente dice *dos*, y así sucesivamente hasta llegar al número *cinco*. Repita esta dinámica dos veces más.

ACTIVIDADES DE REFUERZO

» Repase las palabras *uno, dos, tres, cuatro* y *cinco*. Escriba los números del 1 al 5 en una columna en la pizarra. Invite a un niño a salir a la pizarra para escribir en letras el número 1.

» Llame a otros para que escriban en letras el resto de números. Para dar cierta dificultad a la actividad, escriba los números desordenadamente.

Sesión 5

OBJETIVOS

- Seguir la secuencia de español de izquierda a derecha.
- Desarrollar las destrezas de comprensión oral y escrita en español.
- Entender y disfrutar de una historia.
- Revisar y consolidar el lenguaje de la unidad.

VOCABULARIO

Este es mi robot. / ¡Qué bonito! / Este es mi coche. / ¡Es muy bonito! / Este es mi barco. / ¡Qué bonito! / Este es ¡mi yoyó!

MATERIALES

Audios, tarjetas, póster.

LIBRO DEL ALUMNO **PÁGINA 39**

PRESENTACIÓN

- Señale cada una de las imágenes y revise algunos de los objetos que aparecen, como la cama, el robot, el coche, el barco y el yoyó. Diga cada palabra mientras señala el dibujo correspondiente.

30 1. ESCUCHA.

- Diga a los niños que abran sus libros por el cómic titulado *¡Mi yoyó!* de la página 39.
- Recuérdeles que los cómics españoles son presentados de izquierda a derecha. Levante su libro y señale el orden de las imágenes.
- Haga preguntas sobre la historia en su lengua materna: *¿En qué habitación están Juan y Pablo? ¿Qué tipo de cosas hay en el dormitorio? ¿Por qué se ríe Juan?*
- Dígales que van a escuchar una pequeña historia. Explique que todas las frases que van a escuchar están en sus libros, debajo de cada imagen.
- Ponga la pista para que escuchen la historia. Haga una pausa después de cada imagen. De momento, no pida a los niños que repitan los diálogos. Haga que vayan señalando cada dibujo mientras escuchan la historia.
- Ponga de nuevo la pista, haciendo una pausa después de cada frase. Los niños repiten las frases en grupo e individualmente.
- Pida a los niños que le cuenten en su lengua materna lo que entendieron. Ponga la pista nuevamente si fuera necesario.

Este es mi robot. / ¡Qué bonito! / Este es mi coche. / ¡Es muy bonito! / Este es mi barco. / ¡Qué bonito! / Este es ¡mi yoyó!

2. OBSERVA Y REPITE.

- Proyecte el diálogo en la pizarra para que los niños lo vean con claridad. Diga una frase muy lentamente mientras señala cada palabra. Repita la frase nuevamente haciendo una pausa después de cada palabra para que repitan.

30 3. ESCUCHA Y PRACTICA.

- Diga al grupo que van a representar la historia.
- Invite a cuatro niños a ponerse de pie delante de la clase y a que representen la historia con usted.
- Represente la historia frente a la clase mientras los niños miran y escuchan.
- Represente y haga mímica de la historia con ellos, animándolos y ayudándoles tanto como sea necesario. Llame a otros voluntarios para representar la historia.

ACTIVIDADES DE AMPLIACIÓN

- Diga a los niños que van a jugar a un juego.
- Diga algunos objetos del aula como la mesa, la mochila, el libro, el lápiz, las ceras, el cuaderno y la silla de los niños. Señale cada objeto y diga su nombre. Haga que repitan la palabra tres veces. Después, use esa palabra en una frase: *Este es mi...* Por ejemplo, señale un libro y diga *libro*. Luego diga *Este es mi libro*. Haga que los niños repitan después de usted. Luego señale un objeto de la mesa de un niño y diga su nombre en español. Luego ese niño debe decir la frase usando ese objeto. Repita esa dinámica con el resto de elementos.

LIBRO DEL ALUMNO **PÁGINA 40**

PRESENTACIÓN

- Pregunte a los niños sobre lo que sucede en la imagen.

31 1. ESCUCHA.

- Diga a los niños que van a cantar una canción. Pídales que abran por la canción de la página 40.
- Ponga la pista y dígales que escuchen la canción. Ponga de nuevo la canción mientras escuchan.

Esta es mi muñeca. / ¡Qué bonita! / Este es tu peluche. / ¡Qué bonito! / Este es mi robot. / ¡Qué bonito! / Este es tu yoyó. / ¡Qué bonito!

31 2. ESCUCHA Y SEÑALA.

- Ponga de nueva la pista mientras los niños escuchan y señalan cada palabra.
- Asegúrese de que siguen la letra de la canción.

31 3. CANTA.

- Vuelva a ponerla pista mientras los niños escuchan y señalan cada palabra. Invítelos a cantar.

Sesión 6

OBJETIVOS

- Seguir la secuencia de español de izquierda a derecha.
- Desarrollar las destrezas de comprensión oral y escrita en español.
- Entender y disfrutar de una canción.
- Revisar y consolidar el lenguaje de la unidad.

VOCABULARIO

Esta es mi muñeca. / ¡Qué bonita! / Este es tu peluche. / ¡Qué bonito! / Este es mi robot. / ¡Qué bonito! / Este es tu yoyó. / ¡Qué bonito!

MATERIALES

Audios, tarjetas, póster.

NOTAS

OBJETIVOS

» Revisar las letras *Gg- Hh.*

» Trazar y escribir las letras *Gg– Hh.*

» Desarrollar la psicomotricidad fina.

VOCABULARIO

Gato, gusano, hormiga, huevo.

MATERIALES

Audios, tarjetas, póster.

LIBRO DEL ALUMNO — **PÁGINA 41**

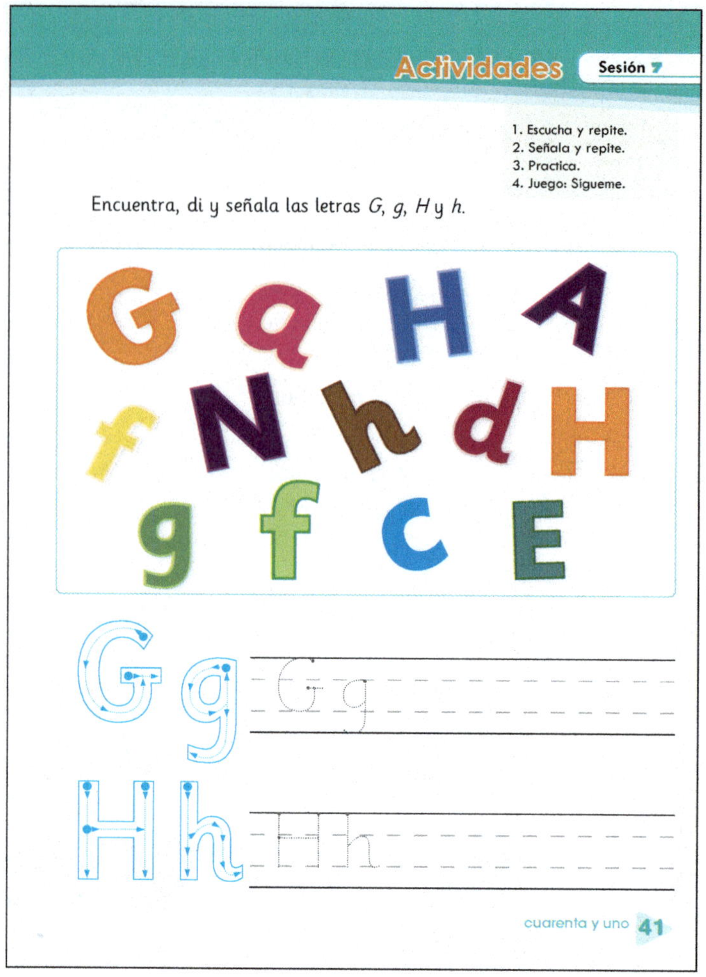

Actividades Sesión 7

1. Escucha y repite.
2. Señala y repite.
3. Practica.
4. Juego: Sígueme.

Encuentra, di y señala las letras *G, g, H* y *h.*

cuarenta y uno 41

PRESENTACIÓN

» Pregunte a los niños si pueden nombrar alguna de las letras de la imagen.

(32) 1. ESCUCHA Y REPITE.

» Diga a los niños que van a revisar las letras *Gg* y *Hh*.

» Pídales que abran sus libros por la página 41.

» Diga cada letra y su sonido. Los niños repiten.

G, H.

2. SEÑALA Y REPITE.

» Diga cada letra mientras los niños señalan letra y repiten individualmente. Identifique la forma mayúscula y minúscula de cada letra, y asegúrese de que señalan la forma correcta.

3. PRACTICA.

» Revise la pronunciación de cada letra. Haga mímica delante de la clase de algunas palabras e invítelos a decir la palabra correcta. Es posible que los niños no sean capaces de decir todas las palabras. Cuando digan la palabra que usted está gesticulando, pídales que señalen la primera letra de la palabra. Por ejemplo, haga el gesto para la palabra *gato,* como si estuviera acariciando al animal. Los niños dicen *gato.* Luego pídales la primera letra de la palabra para que respondan *g.*

4. JUEGO: SÍGUEME.

» Diga a los niños que van a jugar a un juego.

» Pida que un voluntario salga a la pizarra. Diga una de las palabras y el niño repite. Después, pídale que represente la palabra para la clase. El resto de niños tiene que repetir la acción simulada y luego decir la palabra en español. Continúe con las otras palabras y con otros voluntarios.

NOTAS

CUADERNO DE ACTIVIDADES — PÁGINAS 26-33

» Explique cada uno de los ejercicios en el *Cuaderno de actividades*. Diga las instrucciones clara y lentamente. En la pizarra, haga uno de los ejercicios para que sepan lo que tienen que hacer. El *Cuaderno de actividades* lo pueden hacer en clase o en casa. Los ejercicios pueden corregirse en clase, en grupo o individualmente.

SESIÓN 1

A. Dibuja, colorea y di.
Los niños completan el dibujo uniendo los puntos y lo colorean. Luego dicen el nombre de los juguetes.

SESIÓN 2

A. Di y relaciona.
Los niños tienen que relacionar los objetos con las imágenes correctas para completar el patrón.

SESIÓN 3

A. Une.
Los niños tienen que relacionar los mismos juguetes.

SESIÓN 4

A. Encuentra y pega.
Los niños dicen los nombres de cada uno de los juguetes del recuadro. Después, tienen que encontrar los juguetes en la imagen principal y pegar los adhesivos.

SESIÓN 5

A. Escribe.
Los niños deben trazar y escribir las letras.

B. Colorea y di.
Primero, los niños colorean los dibujos y las letras. Después, dicen la letra y la palabra.

SESIÓN 6

A. Escribe.
Los niños tienen que trazar y escribir las letras.

B. Colorea y di.
Primero, los niños colorean los dibujos y las letras. Después, dicen la letra y la palabra.

SESIÓN 7

A. Mira y colorea.
Los niños colorean la imagen de acuerdo con los colores y los números.

SESIÓN 8

A. Colorea los elefantes *G*, *g*, *H* y *h*.
Los niños tienen que leer las letras de los elefantes y colorear los elefantes que tienen las letras *Gg* - *Hh*.

LIBRO DE LOS NÚMEROS — PÁGINAS 20-25

» Explique cada uno de los ejercicios del *Libro de los números*. Diga las instrucciones clara y lentamente. En la pizarra, haga uno de los ejercicios para que sepan lo que tienen que hacer. El *Libro de los números* lo pueden hacer en clase o en casa. Los ejercicios pueden corregirse en clase, en grupo o individualmente.

SESIÓN 1

A. Une los puntos. Colorea.
Los niños unen los puntos en el orden correcto. Después, colorean la imagen.

SESIÓN 2

A. Dibuja las formas.
Los niños trazan las formas.

B. Cuenta las formas del ejercicio A. Escribe y une.
Los niños cuentan las formas del ejercicio anterior y escriben el número. Luego, lo relacionan su número correspondiente.

SESIÓN 3

A. Rodea los grupos de 4.
Los niños cuentan los objetos y rodean los grupos que forman cuatro cosas.

B. Rodea los grupos de 5.
Los niños cuentan los objetos y rodean los grupos que forman cinco cosas.

SESIÓN 4

A. Cuenta y rodea.
Los niños cuentan los objetos y rodean el número correcto.

SESIÓN 5

A. Dibuja, cuenta y escribe.
Los niños completan las imágenes y luego cuentan. Después, escriben el número correspondiente.

SESIÓN 6

A. Lee y une.
Los niños leen los números. Después, cuentan los dibujos de los animales y los relacionan con el número correspondiente.

Unidad 5

Sesión 1

OBJETIVOS

» Identificar diferentes objetos del aula.
» Reconocer sonidos y palabras en español.
» Relacionar palabras escritas con sus significados.

VOCABULARIO

Pizarra, silla, dibujo, planta, mesa, papelera, ventana.

MATERIALES

Audios, tarjetas, póster.

LIBRO DEL ALUMNO **PÁGINAS 42-43**

PRESENTACIÓN

» Diga a los niños que miren la escena principal de las páginas 42 y 43. Hágales preguntas sobre la escena principal en su lengua materna. Algunas preguntas posibles son: *¿Sabes el nombre de los objetos que hay en el escritorio de la maestra? ¿Qué le está mostrando Juan a la maestra? ¿Qué ha dibujado Juan?*

33 1. ESCUCHA Y REPITE.

» Diga a los niños que van a aprender las palabras de algunos objetos de la clase en español.

» Ponga la pista, sujetando la tarjeta de cada juguete o señalándolos en el póster. Haga una pausa y pida que señalen la imagen correcta.

» Ponga la pista nuevamente, haciendo una pausa después de cada palabra. Los niños repiten las palabras en grupo e individualmente.

La pizarra, la silla, el dibujo, la planta, la mesa, la papelera, la ventana.

2. SEÑALA Y REPITE.

» Diga una palabra del vocabulario mientras señala la imagen correcta. Los niños repiten la palabra y señalan la imagen en sus libros.

33 3. ESCUCHA Y ENCUENTRA.

» Diga a los niños que usted va a decir una palabra y que ellos deberán señalar el objeto correspondiente en sus libros.

» Ponga la pista para recordar el vocabulario aprendido.

» Diga ahora alguna de las palabras al azar. Cuando las vaya diciendo, vaya mostrando la tarjeta de vocabulario correspondiente o señalándola en el póster como apoyo visual.

ACTIVIDADES DE AMPLIACIÓN

» Levante una tarjeta de vocabulario y tápela. Diga a los niños que digan el nombre de la palabra mientras va descubriendo lentamente la tarjeta. Continúe con esta dinámica con el resto de las tarjetas.

» Diga una letra y el sonido de la letra de una de las palabras del vocabulario. Pregunte a los niños si pueden encontrar la palabra que empieza por esa letra.

NOTAS

Sesión 2 Estructura

¿Qué es esto? Es una silla.
¿Qué es esto? Es un dibujo.
¿Qué es esto? Es una ventana.
1. Escucha y repite.
2. Señala y repite.
3. Practica.

44 cuarenta y cuatro

LIBRO DEL ALUMNO

PÁGINA 44

PRESENTACIÓN

» Indique a los niños que observen las imágenes de la página 44. Hágales preguntas en su lengua materna. Algunas preguntas posibles son: *¿Qué señala Ana? ¿De qué color son las hojas del árbol? ¿Qué ve Carlos fuera de la ventana?*

34 1. ESCUCHA Y REPITE.

» Diga a los niños que observen cada una de las tres imágenes y que piensen de qué pueden estar hablando los personajes.

» Ponga la pista y haga que señalen la imagen correcta mientras escuchan cada conversación.

» Ponga de nuevo la pista, haciendo una pausa después de cada frase. Los niños repiten las palabras en grupo e individualmente.

¿Qué es esto? Es una silla. / ¿Qué es esto? Es un dibujo. / ¿Qué es esto? Es una ventana.

2. SEÑALA Y REPITE.

» Proyecte el diálogo en la pizarra para que los niños lo vean con claridad. Diga lentamente una frase mientras va señalando cada palabra.

» Repita la frase nuevamente haciendo una pausa después de cada palabra para que puedan repetir después de usted.

Sesión 2

OBJETIVOS

» Preguntar y responder sobre los objetos.
» Seguir una secuencia.

ESTRUCTURA

¿Qué es esto? Es una silla. / ¿Qué es esto? Es un dibujo. / ¿Qué es esto? Es una ventana.

MATERIALES

Audios, tarjetas, póster.

3. PRACTICA.

» Diga a los niños que van a representar la conversación.

» Represente la conversación frente a la clase mientras observan y escuchan.

» Pida que un niño se sitúe de pie frente a la clase. Haga la conversación con el niño, anímelo y ayúdelo tanto como sea necesario. Pida un voluntario diferente para cada una de las conversaciones.

ACTIVIDADES DE REFUERZO

» Señale varios objetos del aula que representan las palabras del vocabulario, incluyendo la ventana, la silla, la pizarra, la mesa, la papelera, etc. Pregunte: *¿Qué es esto?* Los niños responden con la estructura *Es una mesa*, por ejemplo. Repita esta dinámica con el resto de palabras.

NOTAS

Sesión 3

OBJETIVOS

- Decir, reconocer y escribir las letras /Ii/, /Jj/ y /Kk/.
- Reconocer y decir los sonidos /Ii/, /Jj/ y /Kk/.
- Desarrollar la psicomotricidad fina.

VOCABULARIO

Insecto, isla, jirafa, jaula, kiwi, kárate.

MATERIALES

Audios, tarjetas, póster.

LIBRO DEL ALUMNO PÁGINA 45

PRESENTACIÓN

- Escriba *insecto, isla, jirafa, jaula, kiwi* y *kárate* en la pizarra. Diga cada palabra mientras las va señalando. Invite a los niños a que las repitan.

35 1. ESCUCHA Y SEÑALA.

- Diga a los niños que abran sus libros por la página 45. Dígales que van a aprender nuevas palabras.
- Ponga la pista. Dígales a los niños que señalen cada palabra mientras las escuchan. Haga una pausa después de cada palabra y coloque las tarjetas de letras en la pizarra.
- Vuelva a poner la pista mientras los niños escuchan y repiten después de cada palabra. Asegúrese de que van señalando las palabras cuando las escuchan.
- Escriba *isla* en la pizarra debajo de su tarjeta de letra. Señale y diga */i/, /s/, /l/, /a/, isla*. Pronuncie cada letra y pida a los niños que repitan. Continúe con esta dinámica con el resto de palabras.

I, insecto, isla, J, jirafa, jaula, K, kiwi, kárate.

2. DIBUJA Y REPITE.

- Diga a los niños que escriban en sus libros con su dedo cada una de las letras de las palabras mientras las van repitiendo lentamente.
- Póngase de espaldas a la clase mientras usa su dedo para “escribir” *Ii* en el aire. Pida a los niños que imiten su acción y escriba *Ii* en el aire. Continúe con las letras *Jj* y *Kk*.

3. ENCUENTRA.

- Diga una de las palabras al azar y pida a los niños que la señalen en sus libros.

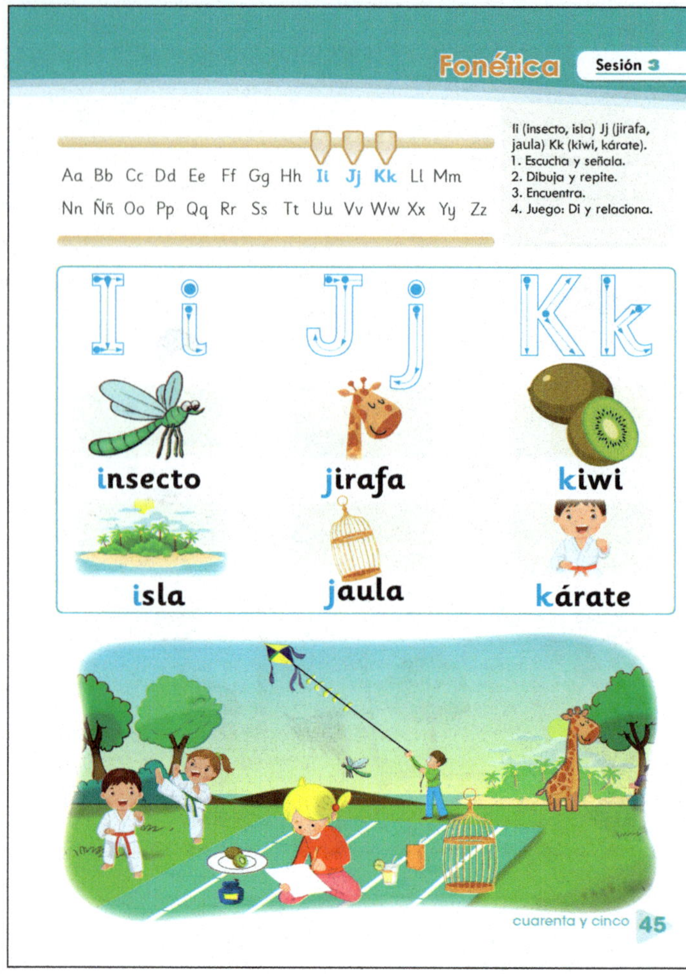

- Dígales que señalen la imagen correcta mientras usted va diciendo palabras al azar.

4. JUEGO: DI Y RELACIONA.

- Diga a los niños que van a jugar a un juego.
- Escriba en pizarra *insecto, cometa, golpear, jirafa, kiwi, jaula, árbol* y *kárate*. Pida a un niño que salga a la pizarra. Diga una de las palabras al azar. El niño repite la palabra y la señala en la pizarra. Continúe con el resto de las palabras y con otros niños.

NOTAS

Sesión 4 Números

Seis, siete.
1. Escucha y señala.
2. Dibuja y repite.
3. Encuentra y cuenta.
4. Juego: Pega el número.

1 2 3 4 5 6 7 8 9 10

6 7

seis siete

46 cuarenta y seis

LIBRO DEL ALUMNO

PÁGINA 46

PRESENTACIÓN

» Repase los números del 1 al 5. Entregue a cada niño una hoja de papel. Diga un número al azar. Los niños escriben el número en sus papeles. Cuando hayan terminado, escriba el número correcto en la pizarra para que puedan comprobar sus respuestas. Continúe así con el resto de los números.

36 1. ESCUCHA Y SEÑALA.

» Diga a los niños que van a aprender los números seis y siete.

» Ponga la pista y pídales que señalen cada número mientras escuchan.

» Ponga de nuevo la pista para que escuchen y repitan los números. Asegúrese de que señalan correctamente cada número.

Seis, seis pulpos, siete, siete caballitos de mar.

2. DIBUJA Y REPITE.

» Diga a los niños que tracen cada uno de los números con sus dedos en sus libros mientras repite cada número lentamente.

3. ENCUENTRA Y CUENTA.

» Señale los peces, pulpos, caballitos de mar y estrellas de mar y diga sus nombres.

» Señale los peces y diga *peces*. Los niños repiten. Pídales que cuenten la cantidad de peces que hay en la imagen.

» Señale los pulpos y diga *pulpos*. Los niños repiten. Pídales que cuenten la cantidad de pulpos que hay en la imagen.

» Señale los caballitos de mar y diga *caballitos de mar*. Los niños repiten. Pídales que cuenten la cantidad de caballitos de mar que hay en la imagen.

» Por último, señale las estrellas de mar y diga *estrellas de mar*. Los niños repiten. Pídales que cuenten la cantidad de estrellas de mar que hay en la imagen.

4. JUEGO: PEGA EL NÚMERO.

» Diga a los niños que van a jugar a un juego.

» Dígales que se pongan de pie junto a sus mesas. Diga un número al azar y los niños deben dar zapatazos tanto veces como indique el número que escuchen. Por ejemplo, si dice el número *seis*, deben dar seis zapatazos en el suelo.

Sesión 4

OBJETIVOS

» Identificar, escribir y usar los números 6 y 7.
» Comenzar a leer palabras simples.
» Desarrollar la psicomotricidad fina.
» Escribir los números seis y siete.

VOCABULARIO

Seis pulpos, siete caballitos de mar.

MATERIALES

Audios, tarjetas, póster, papel.

ACTIVIDADES DE REFUERZO

» Repase las palabras *uno, dos, tres, cuatro, cinco, seis* y *siete*. Escriba los números del 1 al 7 en la pizarra de forma desordenada. Reparta una hoja de papel a cada niño. Invítelos a que escriban en letras en el papel los números en el orden en que aparecen en la pizarra. Pida que un niño salga a la pizarra y escriba los números de cada palabra.

NOTAS

Sesión 5

OBJETIVOS

» Seguir la secuencia de español de izquierda a derecha.
» Desarrollar las destrezas de comprensión oral y escrita en español.
» Entender y disfrutar de una historia.
» Revisar y consolidar el lenguaje de la unidad.

VOCABULARIO

¿Qué es esto? / Es un televisor. / Es una mesa. / Es un sofá. / Es un salón.

MATERIALES

Audios, tarjetas, póster, papel.

LIBRO DEL ALUMNO **PÁGINA 47**

PRESENTACIÓN

» Señale cada una de las imágenes y revise algunos de los objetos de las imágenes, como cuadro, mesa y sofá. Diga los nombres y pida que los niños señalen la imagen correcta y repitan.

37 1. ESCUCHA.

» Diga a los niños que abran sus libros por el cómic titulado *¡Es un salón!* de la página 47.

» Recuérdeles que los cómics españoles son presentados de izquierda a derecha. Levante su libro y señale el orden de las imágenes.

» Haga preguntas a los niños sobre la historia en su lengua materna: *¿Cuántas macetas hay en la imagen? ¿De qué color es el sofá? ¿Qué hay colgado en la pared?*

» Dígales que van a escuchar una pequeña historia. Explique que todas las frases que van a escuchar están en sus libros, debajo de cada imagen.

» Ponga la pista para que los niños escuchen la historia. Haga una pausa después de cada imagen. De momento, no les pida que repitan los diálogos. Haga que vayan señalando cada dibujo mientras escuchan la historia.

» Ponga de nuevo la pista, haciendo una pausa después de cada frase. Los niños repiten las frases en grupo e individualmente.

» Pida a los niños que le cuenten en su lengua materna lo que entendieron. Ponga la pista nuevamente si fuera necesario.

¿Qué es esto? / Es un televisor. / Es una mesa. / Es un sofá. / Es un salón.

2. OBSERVA Y REPITE.

» Proyecte el cómic en la pizarra para que los niños lo vean con claridad. Diga una frase muy lentamente mientras señala cada palabra. Repita la frase nuevamente haciendo una pausa después de cada palabra para que repitan.

37 3. ESCUCHA Y PRACTICA.

» Diga al grupo que van a representar la historia.

» Invite a dos niños a ponerse de pie delante de la clase y a que representen la historia con usted.

» Represente la historia frente a la clase mientras los niños miran y escuchan.

» Represente y haga mímica de la historia con ellos, animándolos y ayudándolos tanto como sea necesario. Llame a otros voluntarios para representar la historia.

ACTIVIDADES DE AMPLIACIÓN

» Entregue a cada niño una hoja de papel. Dígales que dibujen una habitación de su casa. Cuando terminen sus dibujos, haga que cada uno se ponga de pie junto a sus mesas, muestre su dibujo al resto de la clase e intente describirlo.

Sesión 6

OBJETIVOS

- Seguir la secuencia de español de izquierda a derecha.
- Desarrollar las destrezas de comprensión oral y escrita en español.
- Entender y disfrutar de una canción.
- Revisar y consolidar el lenguaje de la unidad.

VOCABULARIO

¿Qué es esto? / Es una silla. / ¿Qué es esto? / Es una mesa. / ¿Qué es esto? / Es un dibujo. / ¿Qué es esto? / Es una ventana.

MATERIALES

Audios, tarjetas, póster.

Sesión 6 Canción

1. Escucha.
2. Escucha y señala.
3. Canta.

¿Qué es esto?

¿Qué es esto?
Es una silla.
¿Qué es esto?
Es una mesa.

¿Qué es esto?
Es un dibujo.
¿Qué es esto?
Es una ventana.

48 cuarenta y ocho

LIBRO DEL ALUMNO — PÁGINA 48

PRESENTACIÓN

- Pregunte a los niños sobre lo que sucede en la imagen.

38 1. ESCUCHA.

- Diga a los niños que van a cantar una canción. Pídales que abran por la canción de la página 48.
- Ponga la pista y dígales que escuchen la canción. Ponga de nuevo la canción mientras los niños escuchan.

¿Qué es esto? / Es una silla. / ¿Qué es esto? / Es una mesa. / ¿Qué es esto? / Es un dibujo. / ¿Qué es esto? / Es una ventana.

38 2. ESCUCHA Y SEÑALA.

- Ponga de nueva la pista mientras los niños escuchan y señalan cada palabra.
- Asegúrese de que siguen la letra de la canción.

38 3. CANTA.

- Vuelva a poner la pista mientras los niños escuchan y señalan cada palabra. Invítelos a cantar.

NOTAS

OBJETIVOS

» Revisar las letras *Ii-Jj-Kk.*
» Trazar y escribir las letras *Ii-Jj-Kk.*
» Desarrollar la psicomotricidad fina.

VOCABULARIO

Insecto, isla, jirafa, jaula, kiwi, kárate.

MATERIALES

Audios, tarjetas, póster.

LIBRO DEL ALUMNO **PÁGINA 49**

PRESENTACIÓN

» Pregunte a los niños si pueden nombrar alguna de las letras de la imagen.

39 1. ESCUCHA Y REPITE.

» Diga a los niños que van a revisar las letras *Ii, Jj* y *Kk.*

» Pídales que abran sus libros por la página 49.

» Diga cada letra y su sonido. Los niños repiten.

I, J, K.

2. SEÑALA Y REPITE.

» Diga cada letra mientras los niños la señalan y repiten individualmente. Identifique la forma mayúscula y minúscula de cada letra, y asegúrese de que señalan la forma correcta.

3. PRACTICA.

» Revise la pronunciación de cada letra. Haga mímica delante de la clase de algunas palabras e invítelos a decir la palabra correcta. Es posible que los niños no sean capaces de decir todas las palabras. Cuando digan la palabra que usted está gesticulando, pídales que señalen la primera letra de la palabra. Por ejemplo, haga el gesto para la palabra *insecto*, como si le picara en el brazo y haciendo el sonido de un zumbido. Los niños dicen *insecto*. Luego pídales la primera letra de la palabra para que respondan *i*.

4. JUEGO: TOCA Y HAZLO.

» Diga a los niños que van a jugar a un juego.

» Pida que se pongan en fila en el centro de la clase. Sostenga una tarjeta de vocabulario. El primer niño de la fila representa la palabra. Cuando termina, se da la vuelta y toca el hombro del próximo niño. Levante otra tarjeta y ese niño representa esa palabra. Continúe con esta dinámica hasta el último de la fila.

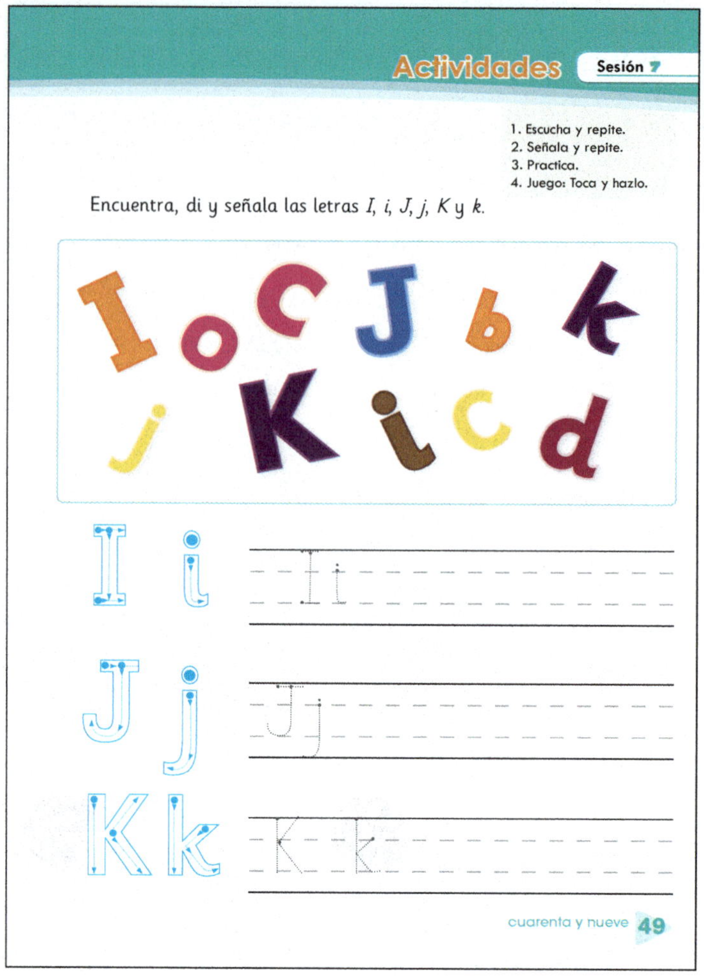
Actividades Sesión 7

1. Escucha y repite.
2. Señala y repite.
3. Practica.
4. Juego: Toca y hazlo.

Encuentra, di y señala las letras *I, i, J, j, K* y *k.*

cuarenta y nueve 49

NOTAS

CUADERNO DE ACTIVIDADES — PÁGINAS 34-41

» Explique cada uno de los ejercicios en el *Cuaderno de actividades*. Diga las instrucciones clara y lentamente. En la pizarra, haga uno de los ejercicios para que sepan lo que tienen que hacer. El *Cuaderno de actividades* lo pueden hacer en clase o en casa. Los ejercicios pueden corregirse en clase, en grupo o individualmente.

SESIÓN 1

A. Mira y rodea.
Los niños observan el primer dibujo de cada fila y rodea la imagen correcta.

SESIÓN 2

A. Une y di.
Los niños unen las dos partes de la imagen para hacer un dibujo completo.

SESIÓN 3

A. Mira y rodea.
Los niños encuentran la imagen correcta y la rodean.

SESIÓN 4

A. Escribe.
Los niños escriben las letras.

B. Colorea y di.
Los niños colorean los dibujos y las letras. Luego dicen la letra y la palabra.

SESIÓN 5

A. Escribe.
Los niños escriben las letras.

B. Colorea y di.
Los niños colorean los dibujos y las letras. Luego dicen la letra y la palabra.

SESIÓN 6

A. Escribe.
Los niños escriben las letras.

B. Colorea y di.
Los niños colorean los dibujos y las letras. Luego dicen la letra y la palabra.

SESIÓN 7

A. Cuenta y rodea.
Los niños cuentan los objetos y rodean el número correcto.

B. Escribe.
Los niños escriben los números.

SESIÓN 8

A. Colorea las cometas *I, i, J, j, K* y *k*.
Los niños tienen que leer las letras de las cometas y colorear las que tienen las letras *I, i, J, j, K* y *k*.

LIBRO DE LOS NÚMEROS — PÁGINAS 26-31

» Explique cada uno de los ejercicios del *Libro de los números*. Diga las instrucciones clara y lentamente. En la pizarra, haga uno de los ejercicios para que sepan lo que tienen que hacer. El *Libro de los números* lo pueden hacer en clase o en casa. Los ejercicios pueden corregirse en clase, en grupo o individualmente.

SESIÓN 1

A. Dibuja y cuenta. Escribe.
Los niños escriben los números y cuentan las cosas. Luego escriben los números.

SESIÓN 2

A. Colorea los lápices con el número 6. ¿Qué número ves?
Los niños colorean los lápices con el número 6. Después, los niños verán el número 6 si lo colorearon correctamente.

SESIÓN 3

A. Cuenta y colorea.
Los niños cuentan las imágenes y colorean el número correcto.

SESIÓN 4

A. Dibuja, une y colorea.
Los niños dibujan el número y las formas. Luego, dibujan la cantidad correcta de formas.

SESIÓN 5

A. Cuenta y une.
Los niños cuentan las imágenes y las unen con la suma correcta.

SESIÓN 6

A. Observa, cuenta y escribe.
Los niños cuentan los objetos en el aula y escriben el número.

Unidad 6

Sesión 1

OBJETIVOS

» Identificar diferentes tipos de ropa.
» Reconocer sonidos y palabras en español.
» Relacionar palabras escritas con sus significados.

VOCABULARIO

Vestido, chaqueta, pantalones, camisa, zapatos, falda, calcetines.

MATERIALES

Audios, tarjetas, póster.

LIBRO DEL ALUMNO **PÁGINAS 50-51**

PRESENTACIÓN

» Diga a los niños que miren la escena principal de las páginas 50 y 51. Hágales preguntas sobre la escena principal en su lengua materna. Algunas preguntas posibles son: *¿Cuántos calcetines y zapatos hay en la imagen? ¿Qué hay en la cama? ¿Qué está sujetando Juan?*

40 1. ESCUCHA Y REPITE.

» Diga a los niños que van a aprender los nombres de algunos tipos de ropa en español.

» Ponga la pista, sujetando las tarjetas de vocabulario o señalándolas en el póster. Haga una pausa y pida que señalen la imagen correcta.

» Ponga la pista nuevamente, haciendo una pausa después de cada palabra. Los niños repiten las palabras en grupo e individualmente.

El vestido, la chaqueta, los pantalones, la camisa, los zapatos, la falda, los calcetines.

2. SEÑALA Y REPITE.

» Diga una palabra del vocabulario mientras señala la imagen correcta. Los niños repiten la palabra y señalan la imagen en sus libros.

40 3. ESCUCHA Y ENCUENTRA.

» Diga a los niños que usted va a decir una palabra y que ellos deberán señalar la ropa correspondiente en sus libros.

» Ponga la pista para recordar el vocabulario aprendido.

» Diga ahora alguna de las palabras al azar. Cuando las vaya diciendo, vaya mostrando la tarjeta de vocabulario correspondiente o señalándola en el póster como apoyo visual.

ACTIVIDADES DE REFUERZO

» Diga a los niños que van a jugar a un juego.

» Los niños se sitúan en círculo en el aula. Señale a un niño y este mira lo que lleva puesto, señala algo y dice su nombre. Por ejemplo, un niño señala sus zapatos y dice *zapatos*. Señale a otro niño y continúa con la misma dinámica.

NOTAS

LIBRO DEL ALUMNO — PÁGINA 52

PRESENTACIÓN

» Indique a los niños que observen las imágenes de la página 52. Hágales preguntas en su lengua materna. Algunas preguntas posibles son: *¿Quién está sujetando una camisa blanca? ¿Cuántas camisetas hay? ¿Qué está señalando Pablo?*

41 1. ESCUCHA Y REPITE.

» Diga a los niños que observen cada una de las tres imágenes y que piensen de qué pueden estar hablando los personajes.

» Ponga la pista y haga que señalen la imagen correcta mientras escuchan cada conversación.

» Ponga de nuevo la pista, haciendo una pausa después de cada frase. Los niños repiten las palabras en grupo e individualmente.

Yo tengo una camisa. / Yo tengo un vestido. / Yo tengo unos zapatos.

2. SEÑALA Y REPITE.

» Proyecte el diálogo en la pizarra para que los niños lo vean con claridad. Diga lentamente una frase mientras va señalando cada palabra.

» Repita la frase nuevamente haciendo una pausa después de cada palabra para que puedan repetir después de usted.

Sesión 2

OBJETIVOS

» Hablar sobre qué lleva uno puesto.

ESTRUCTURA

Yo tengo una camisa. / Yo tengo un vestido. / Yo tengo unos zapatos.

MATERIALES

Audios, tarjetas, póster.

3. PRACTICA.

» Diga a los niños que van a representar la conversación.

» Represente la conversación frente a la clase mientras los niños observan y escuchan.

» Pida que un niño se sitúe de pie frente a la clase. Haga la conversación con el niño, anímelo y ayúdelo tanto como sea necesario. Pida un voluntario diferente para cada una de las conversaciones.

ACTIVIDADES DE AMPLIACIÓN

» Muestre una tarjeta de vocabulario y pida a los niños que digan su nombre en español. Después, tienen que usar la palabra en una frase con la estructura correcta. Por ejemplo, sujete la tarjeta de la falda. Los niños dicen *falda*. Luego dicen *Tengo una falda*. Continúe con esta dinámica con el resto de tarjetas.

NOTAS

Sesión 3

OBJETIVOS

- Decir, reconocer y escribir las letras /Ll/, /Mm/, /Nn/ y /Ññ/.
- Reconocer y decir los sonidos /Ll/, /Mm/, /Nn/ y /Ññ/.
- Desarrollar la psicomotricidad fina.

VOCABULARIO

Limón, león, mono, mano, nariz, naranja, niño, niña.

MATERIALES

Audios, tarjetas, póster.

LIBRO DEL ALUMNO PÁGINA 53

PRESENTACIÓN

- Escriba *limón, león, mono, mano, nariz, naranja, niño* y *niña* en la pizarra. Diga cada palabra mientras las va señalando. Invite a los niños a que las repitan.

42 1. ESCUCHA Y SEÑALA.

- Diga a los niños que abran sus libros por la página 53. Dígales que van a aprender nuevas palabras.
- Ponga la pista. Dígales que señalen cada palabra mientras las escuchan. Haga una pausa después de cada una y coloque la tarjeta de letra en la pizarra.
- Vuelva a poner la pista mientras los niños escuchan y repiten después de cada palabra. Asegúrese de que van señalando las palabras cuando las escuchan.
- Escriba *limón* en la pizarra debajo de su tarjeta de letra. Señale y diga */l/, /i/, /m/, /o/, /n/, limón*. Pronuncie cada letra y pida a los niños que repitan. Continúe con esta dinámica con el resto de palabras.

L, limón, león, M, mono, mano, N, nariz, naranja, Ñ, niño, niña.

2. DIBUJA Y REPITE.

- Diga a los niños que escriban en sus libros con su dedo cada una de las letras de las palabras mientras las van repitiendo lentamente.
- Póngase de espaldas a la clase mientras usa su dedo para "escribir" *Ll* en el aire. Pida a los niños que imiten su acción y escriba *Ll* en el aire. Continúe con las letras *Mm, Nn* y *Ññ*.

Fonética Sesión 3

Aa Bb Cc Dd Ee Ff Gg Hh Ii Jj Kk Ll Mm Nn Ññ Oo Pp Qq Rr Ss Tt Uu Vv Ww Xx Yy Zz

Ll (limón, león) Mm (mono, mano) Nn (nariz, naranja) Ññ (niño, niña).
1. Escucha y señala.
2. Dibuja y repite.
3. Encuentra.
4. Juego: Toca las palmas y salta.

Ll Mm Nn Ññ

limón mono nariz niño
león mano naranja niña

cincuenta y tres 53

3. ENCUENTRA.

- Diga una de las palabras al azar y pida a los niños que la señalen en sus libros.
- Dígales que señalen la imagen correcta mientras usted va diciendo palabras al azar.

4. JUEGO: TOCA LAS PALMAS Y SALTA.

- Diga a los niños que van a jugar a un juego.
- Los niños se sitúan en círculo en el aula. Diga algunas palabras y pídales que las repitan. Cuando repiten una palabra deben tocar las palmas y saltar. Continúe con esta dinámica con el resto de palabras.

NOTAS

LIBRO DEL ALUMNO — PÁGINA 54

PRESENTACIÓN

» Repase los números del 1 al 7. Escriba un número en la pizarra. Pida a los niños que lo digan. Invite a un niño a salir a la pizarra. Diga un número del 1 al 7 y pídale que lo escriba en la pizarra.

43 1. ESCUCHA Y SEÑALA.

» Diga a los niños que van a aprender los números ocho y nueve.

» Ponga la pista y pídales que señalen cada número mientras escuchan.

» Ponga de nuevo la pista para que escuchen y repitan los números. Asegúrese de que señalan correctamente cada número.

Ocho, ocho piruletas, nueve, nueve tabletas de chocolate.

2. DIBUJA Y REPITE.

» Diga a los niños que tracen cada uno de los números con sus dedos en sus libros mientras repite cada número lentamente.

3. ENCUENTRA Y CUENTA.

» Señale las tabletas de chocolate, las piruletas y los chicles. Señale uno a uno y diga su nombre.

» Señale las tabletas de chocolate y diga *tabletas de chocolate*. Los niños repiten. Pídales que cuenten la cantidad de tabletas que hay en la imagen.

» Señale las piruletas y diga *piruletas*. Los niños repiten. Pídales que cuenten la cantidad de piruletas que hay en la imagen.

» Por último, señale los chicles y diga *chicles*. Los niños repiten. Pídales que cuenten la cantidad de chicles que hay en la imagen.

4. JUEGO: SALTA LOS NÚMEROS.

» Diga a los niños que van a jugar a un juego.

» Dígales que se pongan de pie junto a sus mesas. Diga un número al azar y los niños deben saltar tantas veces como indique el número que escuchen. Por ejemplo, si dice el número *siete*, los niños deben saltar siete veces.

Sesión 4

OBJETIVOS

» Identificar, escribir y usar los números 8 y 9.
» Comenzar a leer palabras simples.
» Escribir los números ocho y nueve.
» Desarrollar la psicomotricidad fina.

VOCABULARIO

Ocho piruletas, nueve tabletas de chocolate.

MATERIALES

Audios, tarjetas, póster, libros, bolígrafos, lápices, papel.

ACTIVIDADES DE AMPLIACIÓN

» Repase las palabras de los números del 1 al 9. Haga que los niños cuenten algunos de los objetos del aula como libros, bolígrafos, sillas, ventanas, mochilas, etc. Pida a un niño que salga a la pizarra y que cuente algunos objetos que usted le diga. Continúe con esta dinámica con el resto de la clase.

NOTAS

Sesión 5

OBJETIVOS

- Seguir la secuencia de español de izquierda a derecha.
- Desarrollar las destrezas de comprensión oral y escrita en español.
- Entender y disfrutar de una historia.
- Revisar y consolidar el lenguaje de la unidad.

VOCABULARIO

Yo tengo unos calcetines. / Yo tengo unos zapatos. / Yo tengo una chaqueta. / ¿Cómo estoy? / ¡Genial!

MATERIALES

Audios, tarjetas, póster, revistas de moda, tijeras.

LIBRO DEL ALUMNO **PÁGINA 55**

PRESENTACIÓN

- Señale cada una de las imágenes y revise alguno de los objetos de las imágenes, como *alfombra, bufanda, ordenador* y *dedo pulgar*. Diga los nombres y pídales que señalen la imagen correcta y repitan.

44 1. ESCUCHA.

- Diga a los niños que abran sus libros por el cómic titulado *¿Cómo estoy?* de la página 55.
- Recuérdeles que los cómics españoles son presentados de izquierda a derecha. Levante su libro y señale el orden de las imágenes.
- Haga preguntas a los niños sobre la historia en su lengua materna: *¿Qué lleva puesto Carlos en la cabeza? ¿Cuántas camas hay? ¿De qué color es la chaqueta de Juan?*
- Dígales que van a escuchar una pequeña historia. Explique que todas las frases que van a escuchar están en sus libros, debajo de cada imagen.
- Ponga la pista para que los niños escuchen la historia. Haga una pausa después de cada imagen. De momento, no les pida que repitan los diálogos. Haga que vayan señalando cada dibujo mientras escuchan la historia.
- Ponga de nuevo la pista, haciendo una pausa después de cada frase. Los niños repiten las frases en grupo e individualmente.
- Pídales que le cuenten en su lengua materna lo que entendieron. Ponga la pista nuevamente si fuera necesario.

Yo tengo unos calcetines. / Yo tengo unos zapatos. / Yo tengo una chaqueta. / ¿Cómo estoy? / ¡Genial!

2. OBSERVA Y REPITE.

- Proyecte el diálogo en la pizarra para que los niños lo vean con claridad. Diga una frase muy lentamente mientras señala cada palabra. Repita la frase nuevamente haciendo una pausa después de cada palabra para que repitan.

44 3. ESCUCHA Y PRACTICA.

- Diga al grupo que van a representar la historia.
- Invite a dos niños a ponerse de pie delante de la clase y a que representen la historia con usted.
- Represente la historia frente a la clase mientras los niños miran y escuchan.
- Represente y haga mímica de la historia con ellos, animándolos y ayudándolos tanto como sea necesario. Llame a otros voluntarios para representar la historia.

ACTIVIDADES DE AMPLIACIÓN

- Muestre a los niños una revista de moda. Divida la clase en cuatro grupos. Entregue algunas páginas de la revista a cada grupo. Los niños recortan la ropa de las páginas de las revistas. Cuando terminen, muestran la ropa que han recortado y dicen sus nombres en español. Continúe con esta dinámica con el resto de los grupos.

Sesión 6 **Canción**

1. Escucha.
2. Escucha y señala.
3. Canta.

¿Cómo estoy?

Yo tengo una camisa. ¿Cómo estoy?
¡Genial!
Yo tengo unos zapatos. ¿Cómo estoy?
¡Genial!
Yo tengo un vestido. ¿Cómo estoy?
¡Genial!
Yo tengo unos pantalones. ¿Cómo estoy?
¡Genial!

56 cincuenta y seis

LIBRO DEL ALUMNO **PÁGINA 56**

PRESENTACIÓN

» Pregunte a los niños sobre lo que sucede en la imagen.

45 1. ESCUCHA.

» Diga a los niños que van a cantar una canción. Pídales que abran por la canción de la página 56.

» Ponga la pista y dígales que escuchen la canción. Ponga de nuevo la canción mientras escuchan.

Yo tengo una camisa. / ¿Cómo estoy? / ¡Genial! / Yo tengo unos zapatos. / ¿Cómo estoy? / ¡Genial! / Yo tengo un vestido. / ¿Cómo estoy? / ¡Genial! / Yo tengo unos pantalones. / ¿Cómo estoy? ¡Genial!

45 2. ESCUCHA Y SEÑALA.

» Ponga de nueva la pista mientras los niños escuchan y señalan cada palabra.

» Asegúrese de que siguen la letra de la canción.

45 3. CANTA.

» Vuelva a poner la pista mientras los niños escuchan y señalan cada palabra. Invítelos a cantar.

Sesión 6

OBJETIVOS

» Seguir la secuencia de español de izquierda a derecha.
» Desarrollar las destrezas de comprensión oral y escrita en español.
» Entender y disfrutar de una canción.
» Revisar y consolidar el lenguaje de la unidad.

VOCABULARIO

Yo tengo una camisa. / ¿Cómo estoy? / ¡Genial! / Yo tengo unos zapatos. / ¿Cómo estoy? / ¡Genial! / Yo tengo un vestido. / ¿Cómo estoy? / ¡Genial! / Yo tengo unos pantalones. / ¿Cómo estoy? ¡Genial!

MATERIALES

Audios, tarjetas, póster.

NOTAS

Sesión 7

OBJETIVOS

» Revisar las letras *Ll-Ñn.*
» Trazar y escribir las letras *Ll-Ñn.*
» Desarrollar la psicomotricidad fina.

VOCABULARIO

Limón, león, mono, mano, nariz, naranja, niño, niña.

MATERIALES

Audios, tarjetas, póster.

LIBRO DEL ALUMNO **PÁGINA 57**

PRESENTACIÓN

» Pregunte a los niños si pueden nombrar alguna de las letras de la imagen.

46 1. ESCUCHA Y REPITE.

» Diga a los niños que van a revisar las letras *Ll, Mm, Nn* y *Ñn.*

» Pídales que abran sus libros por la página 57.

» Diga cada letra y su sonido. Los niños repiten.

L, M, N, Ñ.

2. SEÑALA Y REPITE.

» Diga cada letra mientras los niños las señalan y repiten individualmente. Identifique la forma mayúscula y minúscula de cada letra, y asegúrese de que los niños señalan la forma correcta.

3. PRACTICA.

» Revise la pronunciación de cada letra. Haga mímica delante de la clase de algunas palabras e invítelos a decir la palabra correcta. Es posible que los niños no sean capaces de decir todas las palabras. Cuando digan la palabra que usted está gesticulando, pídales que señalen la primera letra de la palabra. Por ejemplo, haga el gesto para la palabra *mono,* colgando los brazos. Los niños dicen *mono.* Luego pídales la primera letra de la palabra para que respondan *m.*

4. JUEGO: HAZLO TRES VECES.

» Diga a los niños que van a jugar a un juego.

» Diga una palabra al azar mientras sostiene una tarjeta de vocabulario. Cuando los niños escuchan que la palabra y la tarjeta coinciden, se ponen de pie y señalan a la tarjeta tres veces. Continúe esta dinámica con el resto de las tarjetas.

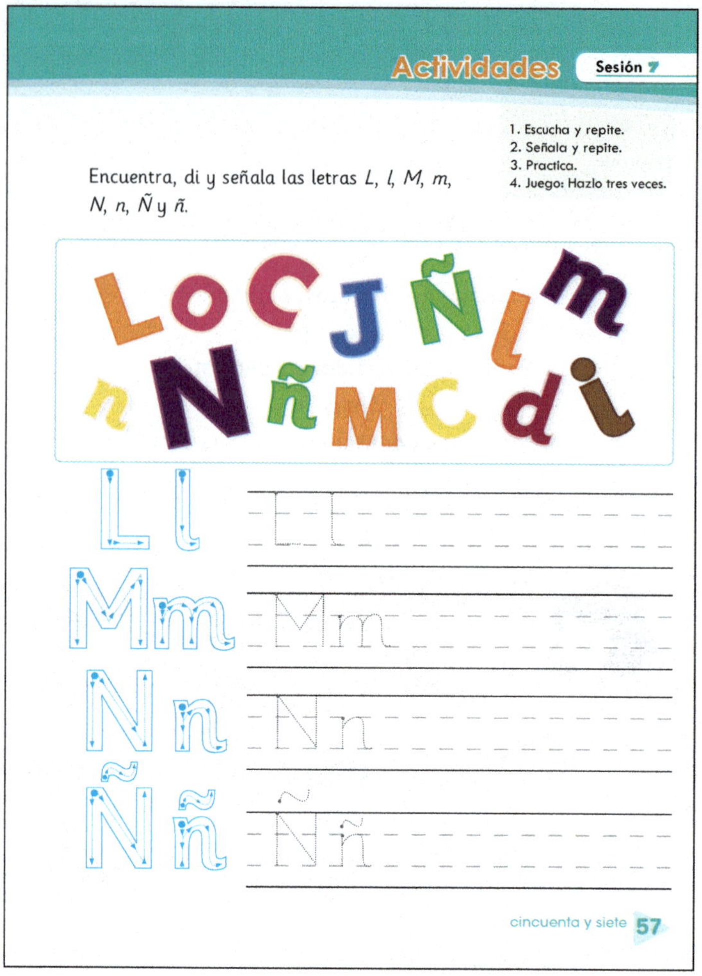

Actividades Sesión 7

1. Escucha y repite.
2. Señala y repite.
3. Practica.
4. Juego: Hazlo tres veces.

Encuentra, di y señala las letras *L, l, M, m, N, n, Ñ* y *ñ.*

NOTAS

CUADERNO DE ACTIVIDADES — PÁGINAS 42-49

» Explique cada uno de los ejercicios en el *Cuaderno de actividades*. Diga las instrucciones clara y lentamente. En la pizarra, haga uno de los ejercicios para que sepan lo que tienen que hacer. El *Cuaderno de actividades* lo pueden hacer en clase o en casa. Los ejercicios pueden corregirse en clase, en grupo o individualmente.

SESIÓN 1

A. Colorea y di.
Los niños colorean las imágenes y dicen el nombre de la ropa.

SESIÓN 2

A. Encuentra y rodea.
Los niños rodean la imagen correcta.

SESIÓN 3

A. Colorea.
Los niños colorean las imágenes.

SESIÓN 4

A. Escribe.
Los niños trazan y escriben las letras.

B. Colorea y di.
Los niños colorean los dibujos y las letras. Luego dicen la letra y la palabra.

SESIÓN 5

A. Escribe.
Los niños trazan y escriben las letras.

B. Colorea y di.
Los niños colorean los dibujos y las letras. Luego dicen la letra y la palabra.

SESIÓN 6

A. Escribe.
Los niños trazan y escriben las letras.

B. Colorea y di.
Los niños colorean los dibujos y las letras. Luego dicen la letra y la palabra.

SESIÓN 7

A. Cuenta y une.
Los niños cuentan los objetos y lo relacionan con el número correcto.

B. Escribe.
Los niños trazan y escriben los números.

SESIÓN 8

A. Une y colorea.
Los niños relacionan la imagen con la letra correcta con la que empieza esa palabra y luego colorean la imagen.

B. Une.
Los niños relacionan las letras mayúsculas y minúsculas.

LIBRO DE LOS NÚMEROS — PÁGINAS 32-37

» Explique cada uno de los ejercicios del *Libro de los números*. Diga las instrucciones clara y lentamente. En la pizarra, haga uno de los ejercicios para que sepan lo que tienen que hacer. El *Libro de los números* lo pueden hacer en clase o en casa. Los ejercicios pueden corregirse en clase, en grupo o individualmente.

SESIÓN 1

A. Dibuja y cuenta. Escribe.
Los niños trazan los números y cuentan las cosas. Luego escriben los números.

SESIÓN 2

A. Escribe, une y dibuja.
Los niños trazan los números y unen. Luego dibujan la cantidad correcta de círculos.

SESIÓN 3

A. Rodea los grupos de 8.
Los niños cuentan y rodean los grupos que tienen ocho cosas.

SESIÓN 4

A. Rodea los grupos de 9.
Los niños cuentan y encierra en un círculo los grupos que tienen nueve cosas.

SESIÓN 5

A. Observa y colorea.
Los niños cuentan y colorean la cantidad correcta de cosas para cada uno.

SESIÓN 6

A. Cuenta y une.
Los niños cuentan los objetos y los hacen coincidir con la suma y respuesta correctas.

Unidad 7

Sesión 1

OBJETIVOS

» Identificar animales de una granja y elementos de la naturaleza.
» Reconocer sonidos y palabras en español.
» Relacionar palabras escritas con sus significados.

VOCABULARIO

Gallina, vaca, hierba, caballo, conejo, oveja, sol.

MATERIALES

Audios, tarjetas, póster.

LIBRO DEL ALUMNO **PÁGINAS 58-59**

PRESENTACIÓN

» Diga a los niños que miren la escena principal de las páginas 58 y 59. Hágales preguntas sobre la escena principal en su lengua materna. Algunas preguntas posibles son: *¿Quién está montando en el caballo? ¿Cuántos patos hay en el estanque? ¿Qué están haciendo las gallinas?*

47 1. ESCUCHA Y REPITE.

» Diga a los niños que van a aprender los nombres de algunos animales y elementos de la naturaleza.

» Ponga la pista, sujetando la tarjeta de cada animal y elemento, o señalándolas en el póster. Haga una pausa y pida que señalen la imagen correcta.

» Ponga la pista nuevamente, haciendo una pausa después de cada palabra. Los niños repiten las palabras en grupo e individualmente.

La gallina, la vaca, la hierba, el caballo, el conejo, la oveja, el sol.

2. SEÑALA Y REPITE.

» Diga una palabra del vocabulario mientras señala la imagen correcta. Los niños repiten la palabra y señalan la imagen en sus libros.

47 3. ESCUCHA Y ENCUENTRA.

» Diga a los niños que usted va a decir una palabra y que ellos deberán señalar el animal o el elemento de la naturales correspondiente en sus libros.

» Ponga la pista para recordar el vocabulario aprendido.

» Diga ahora algunas de las palabras al azar. Cuando las vaya diciendo, vaya mostrando la tarjeta de vocabulario correspondiente o señalándola en el póster como apoyo visual.

ACTIVIDADES DE REFUERZO

» Diga a los niños que van a jugar a un juego.

» Reúna las tarjetas de vocabulario de esta unidad. Levante una tarjeta y vaya descubriendo cada una lentamente. Los niños deben decir el nombre la tarjeta de vocabulario. Continúe la dinámica con el resto de palabras.

NOTAS

Sesión 2 Estructura

¿Es un conejo? Sí.
¿Es una vaca? No.
¿Es un caballo? Sí.
1. Escucha y repite.
2. Señala y repite.
3. Practica.

60 sesenta

LIBRO DEL ALUMNO — PÁGINA 60

PRESENTACIÓN

» Indique a los niños que observen las imágenes de la página 60. Hágales preguntas en su lengua materna. Algunas preguntas posibles son: *¿Qué le está dando Carlos al conejo? ¿De qué color es la oveja? ¿De qué color es el caballo?*

48 1. ESCUCHA Y REPITE.

» Diga a los niños que observen cada una de las tres imágenes y que piensen de qué pueden estar hablando los personajes.

» Ponga la pista y haga que señalen la imagen correcta mientras escuchan cada conversación.

» Ponga de nuevo la pista, haciendo una pausa después de cada frase. Los niños repiten las palabras en grupo e individualmente.

¿Es un conejo? Sí. / ¿Es una vaca? No. / ¿Es un caballo? Sí.

2. SEÑALA Y REPITE.

» Proyecte el diálogo en la pizarra para que los niños lo vean con claridad. Diga lentamente una frase mientras va señalando cada palabra.

» Repita la frase nuevamente haciendo una pausa después de cada palabra para que puedan repetir después de usted.

Sesión 2

OBJETIVOS

» Preguntar y responder para identificar a los animales.

» Seguir una secuencia.

ESTRUCTURA

¿Es un conejo? Sí. / ¿Es una vaca? No. / ¿Es un caballo? Sí.

MATERIALES

Audios, tarjetas, póster.

3. PRACTICA.

» Diga a los niños que van a representar la conversación.

» Represente la conversación frente a la clase mientras los niños observan y escuchan.

» Pida que un niño se sitúe de pie frente a la clase. Haga la conversación con él, anímelo y ayúdelo tanto como sea necesario. Pida un voluntario diferente para cada una de las conversaciones.

ACTIVIDADES DE AMPLIACIÓN

» Divida la clase en dos grupos. Entregue a cada grupo tres tarjetas de vocabulario. Un niño del primer grupo se pone de pie y levanta una tarjeta para que el otro grupo la vea. El niño hace una pregunta basada en la tarjeta. Por ejemplo: *¿Es una oveja?* Los niños del segundo grupo responden la pregunta basándose en la tarjeta: *Sí, es una oveja* o *No, no es una oveja.* Luego, un niño del segundo grupo se pone de pie y repite el proceso hasta que se hayan usado todas las tarjetas.

NOTAS

OBJETIVOS

- Decir, reconocer y escribir las letras /Oo/, /Pp/ y /Qq/.
- Reconocer y decir los sonidos /Oo/, /Pp/ y /Qq/.
- Desarrollar la psicomotricidad fina.

VOCABULARIO

Ocho, oso, pelota, pizza, queso, esquí.

MATERIALES

Audios, tarjetas, póster.

LIBRO DEL ALUMNO **PÁGINA 61**

PRESENTACIÓN

- Escriba *ocho, oso, pelota, pizza, queso* y *esquí* en la pizarra. Diga cada palabra mientras las va señalando. Invite a los niños a que las repitan.

49 1. ESCUCHA Y SEÑALA.

- Diga a los niños que abran sus libros por la página 61. Dígales que van a aprender nuevas palabras.
- Ponga la pista. Dígales que señalen cada palabra mientras las escuchan. Haga una pausa después de cada palabra y coloque las tarjetas de letras en la pizarra.
- Vuelva a poner la pista mientras los niños escuchan y repiten después de cada palabra. Asegúrese de que van señalando las palabras cuando las escuchan.
- Escriba *pizza* en la pizarra debajo de su tarjeta de letra. Señale y diga */p/, /i/, /z/, /z/, /a/, pizza*. Pronuncie cada letra y pida a los niños que repitan. Continúe con esta dinámica con el resto de palabras.

O, ocho, oso, P, pelota, pizza, Q, queso, esquí.

2. DIBUJA Y REPITE.

- Diga a los niños que escriban en sus libros con su dedo cada una de las letras de las palabras mientras las van repitiendo lentamente.
- Póngase de espaldas a la clase mientras usa su dedo para "escribir" *Oo* en el aire. Pídales que imiten su acción y escriba *Oo* en el aire. Continúe con las letras *Pp* y *Qq*.

3. ENCUENTRA.

- Diga una de las palabras al azar y pida a los niños que la señalen en sus libros.

- Dígales que señalen la imagen correcta mientras usted va diciendo palabras al azar.

4. JUEGO: DA UNA O DOS PALMADAS.

- Diga a los niños que van a jugar a un juego.
- Los niños se sitúan en círculo en el aula. Diga algunas palabras que empiecen por las letras de la *A* a la *Q*. Cuando los niños escuchan palabras que comienzan por *Oo, Pp* o *Qq*, aplauden dos veces. Para el resto de las letras, aplauden solo una vez.

NOTAS

LIBRO DEL ALUMNO

PÁGINA 62

PRESENTACIÓN

- Repase los números del 1 al 9 con un dictado de números. Diga los números 2, 9, 5, 8, 7, 3 y 6. Haga una pausa después de cada número para dar a los niños tiempo para escribir el número. Compruebe la actividad haciendo que escriban en la pizarra los números en orden.

50 1. ESCUCHA Y SEÑALA.

- Diga a los niños que van a aprender el número diez.
- Ponga la pista y pídales que señalen el número mientras escuchan.
- Ponga de nuevo la pista para que escuchen y repitan el número. Asegúrese de que señalan correctamente el número.

Diez peces.

2. DIBUJA Y REPITE.

- Diga a los niños que tracen cada uno de los números con sus dedos en sus libros mientras repite cada número lentamente.

3. ENCUENTRA Y CUENTA.

- Señale las rocas, los peces y los caballitos de mar. Señale uno a uno y diga su nombre.
- Señale las rocas y diga *rocas*. Los niños repiten. Pídales que cuenten la cantidad de rocas que hay en la imagen.
- Señale los peces y diga *peces*. Los niños repiten. Pídales que cuenten la cantidad de peces que hay en la imagen.
- Por último, señale los caballitos de mar y diga *caballitos de mar*. Los niños repiten. Pídales que cuenten la cantidad de caballitos de mar que hay en la imagen.

4. JUEGO: CUENTA Y GIRA.

- Diga a los niños que van a jugar a un juego.
- Pida a un niño que se ponga de pie delante de la clase. Dígale que cuente hasta un número, como por ejemplo el 10. Cuando haya contado hasta el 10, haga un giro y pida al niño que copia la acción. Continúe con otros números y otros niños.

Sesión 4

OBJETIVOS

- Identificar, escribir y usar el número 10.
- Comenzar a leer palabras simples.
- Escribir el número *diez*.
- Desarrollar la psicomotricidad fina.

VOCABULARIO

Diez peces.

MATERIALES

Audios, tarjetas, póster, papel.

ACTIVIDADES DE AMPLIACIÓN

- Repase las palabras de los números del 1 al 10. Entregue a cada niño una hoja de papel y pídales que escriban un número. Después, pídales que dibujen el número de peces según el número que escribieron en sus papeles.

NOTAS

Sesión 5

OBJETIVOS

» Seguir la secuencia de español de izquierda a derecha.
» Desarrollar las destrezas de comprensión oral y escrita en español.
» Entender y disfrutar de una historia.
» Revisar y consolidar el lenguaje de la unidad.

VOCABULARIO

¿Es un sol? Sí. / ¿Es una vaca? Sí. / ¿Es una oveja? No. / Es un caballo. / ¡Somos nosotros! Sí.

MATERIALES

Audios, tarjetas, póster.

LIBRO DEL ALUMNO — PÁGINA 63

PRESENTACIÓN

» Señale cada una de las imágenes y revise algunos de los objetos que aparecen, como *pintura, alfombra* y *ventana*. Diga los nombres y pida que señalen la imagen correcta y repitan.

51 1. ESCUCHA.

» Diga a los niños que abran sus libros por el cómic titulado *¡Somos nosotros!* de la página 63.

» Recuérdeles que los cómics españoles son presentados de izquierda a derecha. Levante su libro y señale el orden de las imágenes.

» Haga preguntas a los niños sobre la historia en su lengua materna: *¿Qué pinta Carlos en la primera imagen? ¿Qué pinta Carlos en la última imagen? ¿Están felices Ana y Pablo en la foto?*

» Dígales que van a escuchar una pequeña historia. Explique que todas las frases que van a escuchar están en sus libros, debajo de cada imagen.

» Ponga la pista para que los niños escuchen la historia. Haga una pausa después de cada imagen. De momento, no les pida que repitan los diálogos. Haga que vayan señalando cada dibujo mientras escuchan la historia.

» Ponga de nuevo la pista, haciendo una pausa después de cada frase. Los niños repiten las frases en grupo e individualmente.

» Pida a los niños que le cuenten en su lengua materna lo que entendieron. Ponga la pista nuevamente si fuera necesario.

¿Es un sol? Sí. / ¿Es una vaca? Sí. / ¿Es una oveja? No. / Es un caballo. / ¡Somos nosotros! Sí.

2. OBSERVA Y REPITE.

» Proyecte el diálogo en la pizarra para que los niños lo vean con claridad. Diga una frase muy lentamente mientras señala cada palabra. Repita la frase nuevamente haciendo una pausa después de cada palabra para que repitan.

51 3. ESCUCHA Y PRACTICA.

» Diga al grupo que van a representar la historia.

» Invite a tres niños a ponerse de pie delante de la clase y a que representen la historia con usted.

» Represente la historia frente a la clase mientras los niños miran y escuchan.

» Represente y haga mímica de la historia con ellos, animándolos y ayudándolos tanto como sea necesario. Llame a otros voluntarios para representar la historia.

ACTIVIDADES DE AMPLIACIÓN

» Diga a los niños que van a jugar a un juego.

» Haga los sonidos de los animales aprendidos en la unidad, incluyendo ovejas, vacas, caballos, pollos y conejos. Imite los sonidos varias veces y asegúrese de que escuchan con atención. Después, diga el nombre de un animal y pídales que hagan su sonido. Continúe esta dinámica con el resto de los animales.

Sesión 6 Canción

1. Escucha.
2. Escucha y señala.
3. Canta.

La granja

La granja, la granja.
¿Es una gallina?
Sí, sí, sí.

La granja, la granja.
¿Es un caballo?
No, no, no.

La granja, la granja.
¿Es una vaca?
Sí, sí, sí.

La granja, la granja.
¿Es un conejo?
No, no, no.

La granja, la granja,
la granja.

64 sesenta y cuatro

LIBRO DEL ALUMNO

PÁGINA 64

PRESENTACIÓN

- Pregunte a los niños sobre lo que sucede en la imagen.

52 1. ESCUCHA.

- Diga a los niños que van a cantar una canción. Pídales que abran sus libros por la página 64.
- Ponga la pista y dígales que escuchen la canción. Ponga de nuevo la canción mientras los niños escuchan.

La granja, la granja. / ¿Es una gallina? / Sí, sí, sí. / La granja, la granja. / ¿Es un caballo? / No, no, no. / La granja, la granja. / ¿Es una vaca? / Sí, sí, sí. / La granja, la granja. / ¿Es un conejo? / No, no, no. / La granja, la granja, la granja.

52 2. ESCUCHA Y SEÑALA.

- Ponga de nueva la pista mientras los niños escuchan y señalan cada palabra.
- Asegúrese de que siguen la letra de la canción.

52 3. CANTA.

- Vuelva a ponerla pista mientras los niños escuchan y señalan cada palabra. Invítelos a cantar.

Sesión 6

OBJETIVOS

- Seguir la secuencia de español de izquierda a derecha.
- Desarrollar las destrezas de comprensión oral y escrita en español.
- Entender y disfrutar de una canción.
- Revisar y consolidar el lenguaje de la unidad.

VOCABULARIO

La granja, la granja. / ¿Es una gallina? / Sí, sí, sí. / La granja, la granja. / ¿Es un caballo? / No, no, no. / La granja, la granja. / ¿Es una vaca? / Sí, sí, sí. / La granja, la granja. / ¿Es un conejo? / No, no, no. / La granja, la granja, la granja.

MATERIALES

Audios, tarjetas, póster.

NOTAS

Sesión 7

OBJETIVOS

» Revisar las letras *Oo-Qq*.
» Trazar y escribir las letras *Oo-Qq*.
» Desarrollar la psicomotricidad fina.

VOCABULARIO

Eco, oso, pelota, pizza, queso, esquí.

MATERIALES

Audios, tarjetas, póster.

LIBRO DEL ALUMNO **PÁGINA 65**

PRESENTACIÓN

» Pregunte a los niños si pueden nombrar alguna de las letras de la imagen.

53 1. ESCUCHA Y REPITE.

» Diga a los niños que van a revisar las letras *Oo*, *Pp* y *Qq*.

» Pídales que abran sus libros por la página 65.

» Diga cada letra y su sonido. Los niños repiten.

O, P, Q.

2. SEÑALA Y REPITE.

» Diga cada letra mientras los niños la señalan y repiten individualmente. Identifique la forma mayúscula y minúscula de cada letra, y asegúrese de que señalan la forma correcta.

3. PRACTICA.

» Revise la pronunciación de cada letra. Haga mímica delante de la clase de algunas palabras e invítelos a decir la palabra correcta. Es posible que no sean capaces de decir todas las palabras. Cuando digan la palabra que usted está gesticulando, pídales que señalen la primera letra de la palabra. Por ejemplo, haga el gesto para la palabra *pelota*, botando una pelota mientras camina. Los niños dicen *pelota*. Luego pídales la primera letra de la palabra para que respondan *p*.

4. JUEGO: DA PALMADAS, HAZ, DA PALMADAS.

» Diga a los niños que van a jugar a un juego.

» Dígales que primero den una palmada. Después, diga una palabra y haga que los niños imiten la palabra. Luego aplauden de nuevo. Continúa con el resto de las palabras.

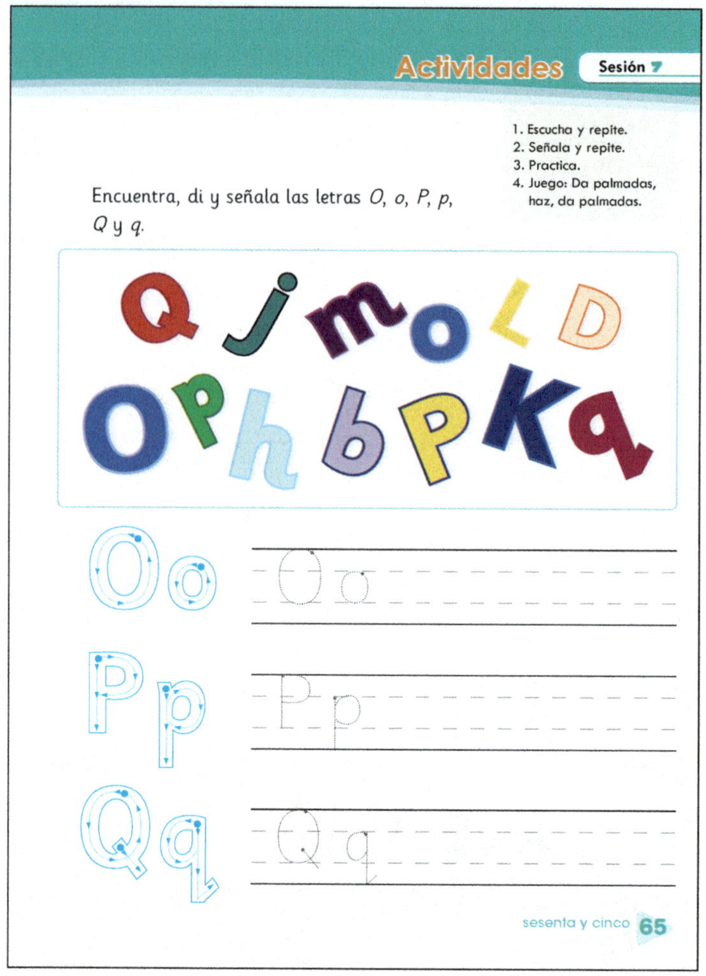
Actividades Sesión 7

1. Escucha y repite.
2. Señala y repite.
3. Practica.
4. Juego: Da palmadas, haz, da palmadas.

Encuentra, di y señala las letras *O, o, P, p, Q* y *q*.

sesenta y cinco 65

NOTAS

CUADERNO DE ACTIVIDADES — PÁGINAS 50-57

» Explique cada uno de los ejercicios en el *Cuaderno de actividades*. Diga las instrucciones clara y lentamente. En la pizarra, haga uno de los ejercicios para que sepan lo que tienen que hacer. El *Cuaderno de actividades* lo pueden hacer en clase o en casa. Los ejercicios pueden corregirse en clase, en grupo o individualmente.

SESIÓN 1

A. Une.
Los niños relacionan las imágenes similares.

SESIÓN 2

A. Une los animales y colorea las parejas del mismo color.
Los niños unen los animales que son iguales y los colorean del mismo color.

SESIÓN 3

A. Lea y pega.
Los niños cogen las imágenes de cada animal y las pegan en el cuadro correcto.

SESIÓN 4

A. Escribe.
Los niños trazan y escriben las letras.

B. Colorea y di.
Los niños colorean las imágenes y las letras. Luego dicen la letra y la palabra.

SESIÓN 5

A. Escribe.
Los niños trazan y escriben las letras.

B. Colorea y di.
Los niños colorean los dibujos y las letras. Luego dicen la letra y la palabra.

SESIÓN 6

A. Escribe.
Los niños trazan y escriben las letras.

B. Colorea y di.
Los niños colorean los dibujos y las letras. Luego dicen la letra y la palabra.

SESIÓN 7

A. Cuenta y rodea.
Los niños cuentan los objetos y rodean el número correcto.

B. Escribe.
Los niños trazan y escriben los números.

SESIÓN 8

A. Diga y rodea.
Los niños dicen la palabra y rodean la primera letra de la palabra.

B. Une y escribe.
Los niños escriben la letra que falta para completar la palabra.

LIBRO DE LOS NÚMEROS — PÁGINAS 38-43

» Explique cada uno de los ejercicios del *Libro de los números*. Diga las instrucciones clara y lentamente. En la pizarra, haga uno de los ejercicios para que sepan lo que tienen que hacer. El *Libro de los números* lo pueden hacer en clase o en casa. Los ejercicios pueden corregirse en clase, en grupo o individualmente.

SESIÓN 1

A. Di, cuenta y escribe.
Los niños trazan los números y cuentan las cosas. Luego escriben los números.

B. Cuenta y dibuja.
Los niños cuentan los gatos y completan las imágenes.

SESIÓN 2

A. Escribe.
Los niños trazan los números.

B. Cuenta y rodea.
Los niños cuentan los objetos y rodean el número correcto.

SESIÓN 3

A. Escriba el número siguiente.
Los niños escriben el siguiente número.

SESIÓN 4

A. Cuenta y colorea.
Los niños cuentan y colorean la cantidad correcta.

SESIÓN 5

A. Escribe el número siguiente.
Los niños leen el número y escriben el número que viene después.

B. Colorea el número mayor.
Los niños colorean el número mayor.

SESIÓN 6

A. Sigue los números. Ayuda a la mamá canguro a encontrar a su bebé.
Los niños siguen los números en el orden correcto para llegar al bebé canguro.

Unidad 8

Sesión 1

OBJETIVOS

» Identificar las partes del cuerpo humano.
» Reconocer sonidos y palabras en español.
» Relacionar palabras escritas con sus significados.

VOCABULARIO

Oreja, ojo, mano, cabeza, pierna, boca, nariz.

MATERIALES

Audios, tarjetas, póster.

LIBRO DEL ALUMNO **PÁGINAS 66-67**

PRESENTACIÓN

- Diga a los niños que miren la escena principal de las páginas 66 y 67. Hágales preguntas sobre la escena principal en su lengua materna. Algunas preguntas posibles son: *¿Qué está sosteniendo Sara? ¿Cuántas piernas tiene la muñeca? ¿En qué habitación están Ana y Sara?*

54 1. ESCUCHA Y REPITE.

- Diga a los niños que van a aprender los nombres de algunas partes del cuerpo humano.
- Ponga la pista, sujetando la tarjeta de cada parte del cuerpo humano, o señalándolas en el póster. Haga una pausa y pida que señalen la imagen correcta.
- Ponga la pista nuevamente, haciendo una pausa después de cada palabra. Los niños repiten las palabras en grupo e individualmente.

La oreja, el ojo, la mano, la cabeza, la pierna, la boca, la nariz.

2. SEÑALA Y REPITE.

- Diga una palabra del vocabulario mientras señala la imagen correcta. Los niños repiten la palabra y señalan la imagen en sus libros.

54 3. ESCUCHA Y ENCUENTRA.

- Diga a los niños que usted va a decir una palabra y que ellos deberán señalar la parte del cuerpo correspondiente en sus libros.
- Ponga la pista para recordar el vocabulario aprendido.
- Diga ahora algunas de las palabras al azar. Cuando las vaya diciendo, vaya mostrando la tarjeta de vocabulario correspondiente o señalándola en el póster como apoyo visual.

ACTIVIDADES DE REFUERZO

- Diga a los niños que van a jugar a un juego.
- Reúna las tarjetas de vocabulario de esta unidad. Levante una tarjeta y vaya descubriendo cada una lentamente. Los niños deben decir el nombre la tarjeta de vocabulario. Continúe la dinámica con el resto de palabras.

NOTAS

Sesión 2 Estructura

¿Cuántas? Una nariz.
¿Cuántos? Dos ojos.
¿Cuántas? Dos piernas.
1. Escucha y repite.
2. Señala y repite.
3. Practica.

68 sesenta y ocho

LIBRO DEL ALUMNO — PÁGINA 68

PRESENTACIÓN

- Indique a los niños que observen las imágenes de la página 68. Hágales preguntas en su lengua materna. Algunas preguntas posibles son: *¿De qué color es la mesa del salón? ¿Dónde están Sara y Carlos? ¿Te gusta sentarte en el suelo como a Pablo?*

(55) 1. ESCUCHA Y REPITE.

- Diga a los niños que observen cada una de las tres imágenes y que piensen de qué pueden estar hablando los personajes.
- Ponga la pista y haga que señalen la imagen correcta mientras escuchan cada conversación.
- Ponga de nuevo la pista, haciendo una pausa después de cada frase. Los niños repiten las palabras en grupo e individualmente.

¿Cuántas? Una nariz / ¿Cuántos? Dos ojos / ¿Cuántas? Dos piernas.

2. SEÑALA Y REPITE.

- Proyecte el diálogo en la pizarra para que los niños lo vean con claridad. Diga lentamente una frase mientras vaya señalando cada palabra.
- Repita la frase nuevamente haciendo una pausa después de cada palabra para que puedan repetir después de usted.

Sesión 2

OBJETIVOS

- Preguntar y responder sobre las partes del cuerpo.
- Seguir una secuencia.

ESTRUCTURA

¿Cuántas? Una nariz / ¿Cuántos? Dos ojos / ¿Cuántas? Dos piernas.

MATERIALES

Audios, tarjetas, póster.

3. PRACTICA.

- Diga a los niños que van a representar la conversación.
- Represente la conversación frente a la clase mientras los niños observan y escuchan.
- Pida que un niño se sitúe de pie frente a la clase. Haga la conversación con él, anímelo y ayúdelo tanto como sea necesario. Pida un voluntario diferente para cada una de las conversaciones.

ACTIVIDADES DE AMPLIACIÓN

- Pida a un niño que se sitúe frente a la clase. Diga una parte del cuerpo, como por ejemplo, la pierna, y este debe señalar su pierna. Entonces pregunte: *¿Cuántas?* El niño responde: *Dos piernas*. Continúe con esta dinámica con el resto de partes del cuerpo y con otros niños.

NOTAS

Sesión 3

OBJETIVOS

- Decir, reconocer y escribir las letras /Rr/, /Ss/ y /Tt/.
- Reconocer y decir los sonidos /Rr/, /Ss/ y /Tt/.
- Desarrollar la psicomotricidad fina.

VOCABULARIO

Reina, correr, sombrero, saltar, taza, tren.

MATERIALES

Audios, tarjetas, póster.

LIBRO DEL ALUMNO **PÁGINA 69**

PRESENTACIÓN

- Escriba *reina, correr, sombrero, saltar, taza* y *tren* en la pizarra. Diga cada palabra mientras las va señalando. Invite a los niños a que las repitan.

56 1. ESCUCHA Y SEÑALA.

- Diga a los niños que abran sus libros por la página 69. Dígales que van a aprender nuevas palabras.
- Ponga la pista. Dígales que señalen cada palabra mientras las escuchan. Haga una pausa después de cada palabra y coloque las tarjetas de letras en la pizarra.
- Vuelva a poner la pista mientras los niños escuchan y repiten después de cada palabra. Asegúrese de que van señalando las palabras cuando las escuchan.
- Escriba *tren* en la pizarra debajo de su tarjeta de letra. Señale y diga */t/, /r/, /e/, /n/, tren.* Pronuncie cada letra y pida a los niños que repitan. Continúe con esta dinámica con el resto de palabras.

R, reina, correr, S, sombrero, saltar, T, taza, tren.

2. DIBUJA Y REPITE.

- Diga a los niños que escriban en sus libros con su dedo cada una de las letras de las palabras mientras las van repitiendo lentamente.
- Póngase de espaldas a la clase mientras usa su dedo para "escribir" *Rr* en el aire. Pida a los niños que imiten su acción y escriba *Rr* en el aire. Continúe con las letras *Ss* y *Tt*.

3. ENCUENTRA.

- Diga una de las palabras al azar y pida a los niños que la señalen en sus libros.
- Dígales que señalen la imagen correcta mientras usted va diciendo palabras al azar.

4. JUEGO: CORRE Y DI.

- Diga a los niños que van a jugar a un juego.
- Deje un gran espacio en el centro de la clase. Escriba una palabra en la pizarra, como *reina*. Pídales que se pongan en dos filas, unos frente a otros. Diga la palabra de la pizarra. Los primeros dos niños de la fila, que están uno frente al otro, intercambian sus posiciones mientras repiten la palabra. Esta acción, por turnos, la van repitiendo el resto de parejas. Cuando todos los niños han intercambiado sus posiciones, escriba otras palabras.

NOTAS

Sesión 4 Números

Revisión 1-10.
1. Escucha y señala.
2. Dibuja y repite.
3. Encuentra y cuenta.
4. Juego: Salta y da palmas.

1 2 3 4 5 6 7 8 9 10

1 uno, 2 dos, 3 tres, 4 cuatro, 5 cinco
6 seis, 7 siete, 8 ocho, 9 nueve, 10 diez

70 setenta

Sesión 4

OBJETIVOS

- Revisar los números 1-10.
- Comenzar a leer palabras simples.
- Escribir los números del uno al diez.
- Desarrollar la psicomotricidad fina.

VOCABULARIO

Un coche, dos coches, tres coches, tres coches, tres coches, tres coches, tres coches, seis coches, siete coches, ocho coches, nueve coches, diez coches.

MATERIALES

Audios, tarjetas, póster, papel.

LIBRO DEL ALUMNO — PÁGINA 70

PRESENTACIÓN

- Repase los números del 1 al 10 entregando las tarjetas a diez niños. Dígales que se pongan de pie cuando usted diga el número que aparece en su tarjeta. Una vez terminada esta dinámica, entregue las tarjetas a otros niños para que participe toda la clase.

57 1. ESCUCHA Y SEÑALA.

- Diga a los niños que van a aprender los números del 1 al 10.
- Ponga la pista y pídales que señalen los números mientras escuchan.
- Ponga de nuevo la pista para que escuchen y repitan los números. Asegúrese de que señalan correctamente los números.

Un coche, dos coches, tres coches, tres coches, tres coches, tres coches, tres coches, seis coches, siete coches, ocho coches, nueve coches, diez coches.

2. DIBUJA Y REPITE.

- Diga a los niños que tracen cada uno de los números con sus dedos en sus libros mientras repiten cada número lentamente.

3. ENCUENTRA Y CUENTA.

- Señale los coches, los osos de peluche, robots y aviones. Señale uno a uno y diga su nombre.
- Señale los coches y diga *coche*. Los niños repiten. Pídales que cuenten la cantidad de coches que hay en la imagen.
- Señale los osos de peluche y diga *oso de peluche*. Los niños repiten. Pídales que cuenten la cantidad de osos de peluche que hay en la imagen.
- Señale los robots y diga *robot*. Los niños repiten. Pídales que cuenten la cantidad de robots que hay en la imagen.
- Por último, señale los aviones y diga *avión*. Los niños repiten. Pídales que cuenten la cantidad de aviones que hay en la imagen.

4. JUEGO: SALTA Y DA PALMAS.

- Diga a los niños que van a jugar a un juego.
- Pídales que cuenten hasta el número diez. Si es difícil para ellos, ayúdelos. Cuando hayan contado hasta el diez, deben dar un pequeño salto y dar una palmada.

ACTIVIDADES DE REFUERZO

- Escriba en la pizarra los números del 3 al 10 en letras. Invite a ocho niños a salir a la pizarra y entregue a cada uno una tarjeta de números. Pídales que relacionen los números con las palabras en la pizarra.

Sesión 5

OBJETIVOS

- Seguir la secuencia de español de izquierda a derecha.
- Desarrollar las destrezas de comprensión oral y escrita en español.
- Entender y disfrutar de una historia.
- Revisar y consolidar el lenguaje de la unidad.

VOCABULARIO

¿Cuántas zanahorias, Juan? / ¿Cuántos pasteles? / ¿Cuántas naranjas? / ¡Gracias, Juan!

MATERIALES

Audios, tarjetas, póster, papel, ceras.

LIBRO DEL ALUMNO **PÁGINA 71**

PRESENTACIÓN

- Señale cada una de las imágenes y revise algunos de los objetos que aparecen, como *olla, estufa, bolsillo* y *fruta*. Diga los nombres y pida que señalen la imagen correcta y repitan.

58 1. ESCUCHA.

- Diga a los niños que abran sus libros por el cómic titulado *¿Cuántos, Juan?* de la página 71.
- Recuérdeles que los cómics españoles son presentados de izquierda a derecha. Levante su libro y señale el orden de las imágenes.
- Haga preguntas a los niños sobre la historia en su lengua materna: *¿Qué creen que está cocinando la mamá de Juan? ¿Cuántos pastelitos hay en la bandeja? ¿Por qué la comida se cayó del bolsillo de Juan?*
- Dígales que van a escuchar una pequeña historia. Explique que todas las frases que van a escuchar están en sus libros, debajo de cada imagen.
- Ponga la pista para que los niños escuchen la historia. Haga una pausa después de cada imagen. De momento, no les pida que repitan los diálogos. Haga que vayan señalando cada dibujo mientras escuchan la historia.
- Ponga de nuevo la pista, haciendo una pausa después de cada frase. Los niños repiten las frases en grupo e individualmente.
- Pídales que le cuenten en su lengua materna lo que entendieron. Ponga la pista nuevamente si fuera necesario.

¿Cuántas zanahorias, Juan? / ¿Cuántos pasteles? / ¿Cuántas naranjas? / ¡Gracias, Juan!

2. OBSERVA Y REPITE.

- Proyecte el diálogo en la pizarra para que los niños lo vean con claridad. Diga una frase muy lentamente mientras señala cada palabra. Repita la frase nuevamente haciendo una pausa después de cada palabra para que los niños repitan.

58 3. ESCUCHA Y PRACTICA.

- Diga al grupo que van a representar la historia.
- Invite a dos niños a ponerse de pie delante de la clase y a que representen la historia con usted.
- Represente la historia frente a la clase mientras los niños miran y escuchan.
- Represente y haga mímica de la historia con ellos, animándolos y ayudándolos tanto como sea necesario. Llame a otros voluntarios para representar la historia.

ACTIVIDADES DE AMPLIACIÓN

- Entregue a cada niño una hoja de papel. Pídales que dibujen su comida favorita en su papel. Luego déjeles colorear la comida. Cada niño muestra su dibujo a la clase y explica qué ha dibujado.

Sesión 6 **Canción**

1. Escucha.
2. Escucha y señala.
3. Canta.

Cuenta conmigo

Uno, dos y tres.
Cuatro, cinco y seis.
Siete, ocho, nueve y diez.
¿Cuántos ojos? ¡Dos ojos!
¿Cuántas piernas?
¡Dos piernas!

Uno, dos y tres.
Cuatro, cinco y seis.
Siete, ocho, nueve y diez.
¿Cuántas manos? ¡Dos manos!
¿Cuántas orejas? ¡Dos orejas!

Uno, dos y tres.
Cuatro, cinco y seis.
Siete, ocho, nueve y diez.
¿Cuántas bocas? ¡Una boca!
¿Cuántas cabezas?
¡Solo una cabeza!

Uno, dos y tres.
Cuatro, cinco y seis.
Siete, ocho, nueve y diez.

72 setenta y dos

LIBRO DEL ALUMNO

PÁGINA 72

PRESENTACIÓN

- Pregunte a los niños sobre lo que sucede en la imagen.

59 1. ESCUCHA.

- Diga a los niños que van a cantar una canción. Pídales que abran por la canción de la página 72.
- Ponga la pista y dígales que escuchen la canción. Ponga de nuevo la canción mientras escuchan.

Uno, dos y tres. Cuatro, cinco y seis. Siete, ocho, nueve y diez. ¿Cuántos ojos? ¡Dos ojos! ¿Cuántas piernas? ¡Dos piernas! Uno, dos y tres. Cuatro, cinco y seis. Siete, ocho, nueve y diez. ¿Cuántas manos?¡Dos manos! ¿Cuántas orejas? ¡Dos orejas! Uno, dos y tres. Cuatro, cinco y seis. Siete, ocho, nueve y diez. ¿Cuántas bocas? ¡Una boca! ¿Cuántas cabezas? ¡Solo una cabeza! Uno, dos y tres. Cuatro, cinco y seis. Siete, ocho, nueve y diez.

59 2. ESCUCHA Y SEÑALA.

- Ponga de nueva la pista mientras los niños escuchan y señalan cada palabra.
- Asegúrese de que siguen la letra de la canción.

59 3. CANTA.

- Vuelva a ponerla pista mientras los niños escuchan y señalan cada palabra. Invítelos a cantar.

Sesión 6

OBJETIVOS

- Seguir la secuencia de español de izquierda a derecha.
- Desarrollar las destrezas de comprensión oral y escrita en español.
- Entender y disfrutar de una canción.
- Revisar y consolidar el lenguaje de la unidad.

VOCABULARIO

Uno, dos y tres. Cuatro, cinco y seis. Siete, ocho, nueve y diez. ¿Cuántos ojos? / ¡Dos ojos! / ¿Cuántas piernas? / Dos piernas. / ¿Cuántas manos? / Dos manos. / ¿Cuántas orejas? / ¡Dos orejas! / ¿Cuántas bocas? / ¡Una boca! / ¿Cuántas cabezas? / ¡Solo una cabeza!

MATERIALES

Audios, tarjetas, póster.

NOTAS

Sesión 7

OBJETIVOS

- Revisar las letras *Rr-Tt*.
- Trazar y escribir las letras *Rr-Tt*.
- Desarrollar la psicomotricidad fina.

VOCABULARIO

Reina, correr, sombrero, saltar, taza, tren.

MATERIALES

Audios, tarjetas, póster, pelota blanda.

LIBRO DEL ALUMNO — **PÁGINA 73**

PRESENTACIÓN

- Pregunte a los niños si pueden nombrar alguna de las letras de la imagen.

60 **1. ESCUCHA Y REPITE.**

- Diga a los niños que van a revisar las letras *Rr*, *Ss* y *Tt*.
- Pídales que abran sus libros por la página 73.
- Diga cada letra y su sonido. Los niños repiten.

2. SEÑALA Y REPITE.

- Diga cada letra mientras los niños señalan letra y repiten individualmente. Identifique la forma mayúscula y minúscula de cada letra, y asegúrese de que señalan la forma correcta.

3. PRACTICA.

- Revise la pronunciación de cada letra. Haga mímica delante de la clase de algunas palabras e invítelos a decir la palabra correcta. Es posible que no sean capaces de decir todas las palabras. Cuando digan la palabra que usted está gesticulando, pídales que señalen la primera letra de la palabra. Por ejemplo, haga el gesto para la palabra *correr*, intentando correr por la clase. Los niños dicen *correr*. Luego pídales la letra de la palabra para que respondan *r*.

4. JUEGO: LANZA LA PELOTA.

- Diga a los niños que van a jugar a un juego.
- Ayúdelos a formar un círculo alrededor de la clase. Sostenga una tarjeta de letra. Los niños dicen el nombre de la letra y el niño que sostiene la pelota, la lanza a otro. Continúe esta dinámica con el resto de las tarjetas hasta que cada niño haya tenido la oportunidad de participar.

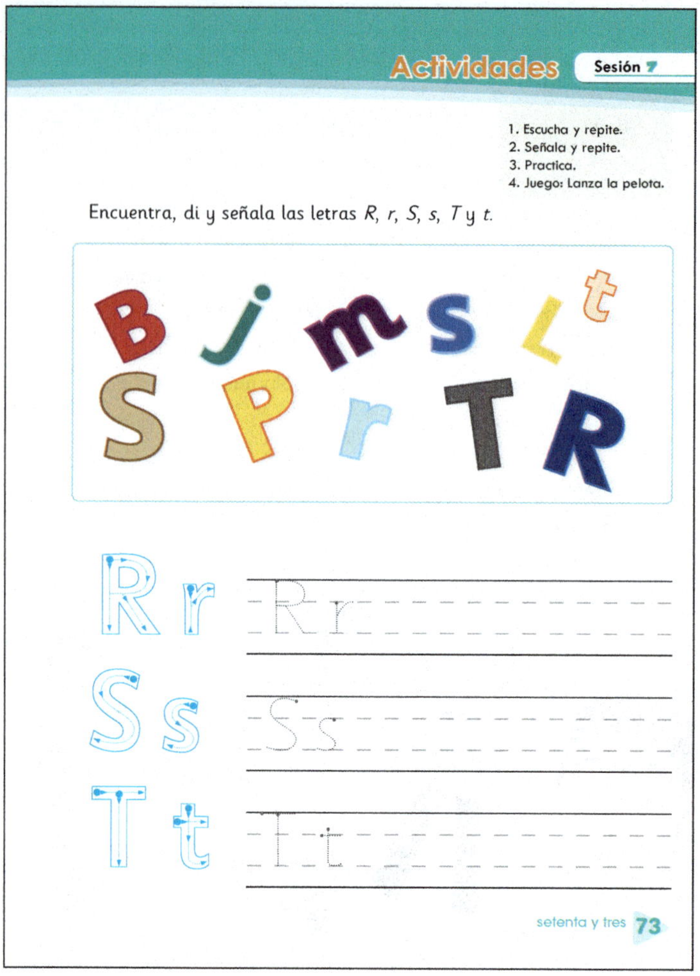

Actividades — Sesión 7

1. Escucha y repite.
2. Señala y repite.
3. Practica.
4. Juego: Lanza la pelota.

Encuentra, di y señala las letras *R*, *r*, *S*, *s*, *T* y *t*.

setenta y tres 73

NOTAS

CUADERNO DE ACTIVIDADES — PÁGINAS 58-65

» Explique cada uno de los ejercicios en el *Cuaderno de actividades*. Diga las instrucciones clara y lentamente. En la pizarra, haga uno de los ejercicios para que sepan lo que tienen que hacer. El *Cuaderno de actividades* lo pueden hacer en clase o en casa. Los ejercicios pueden corregirse en clase, en grupo o individualmente.

SESIÓN 1

A. Encuentra y une.
Los niños unen la parte del cuerpo con la otra que le falta para completar la imagen.

SESIÓN 2

A. Encuentra y colorea.
Los niños rodean la imagen correcta y la colorean.

SESIÓN 3

A. Une.
Los niños relacionan con una línea la parte del cuerpo y el dibujo.

SESIÓN 4

A. Escribe.
Los niños trazan y escriben las letras.

B. Colorea y di.
Los niños colorean los dibujos y las letras. Luego dicen la letra y la palabra.

SESIÓN 5

A. Escribe.
Los niños trazan y escriben las letras.

B. Colorea y di.
Los niños colorean los dibujos y las letras. Luego dicen la letra y la palabra.

SESIÓN 6

A. Escribe.
Los niños trazan y escriben las letras.

B. Colorea y di.
Los niños colorean los dibujos y las letras. Luego dicen la letra y la palabra.

SESIÓN 7

A. Cuenta, une y colorea.
Los niños cuentan los dibujos y los relacionan con el número correcto. Luego colorean las imágenes.

SESIÓN 8

A. Mira y rodea.
Los niños hacen un círculo en la letra correcta de la palabra representada en la imagen.

LIBRO DE LOS NÚMEROS — PÁGINAS 44-49

» Explique cada uno de los ejercicios del *Libro de los números*. Diga las instrucciones clara y lentamente. En la pizarra, haga uno de los ejercicios para que sepan lo que tienen que hacer. El *Libro de los números* lo pueden hacer en clase o en casa. Los ejercicios pueden corregirse en clase, en grupo o individualmente.

SESIÓN 1

A. Cuenta y une.
Los niños cuentan los dibujos y los unen al número correcto.

SESIÓN 2

A. Colorea el número que falta. Escribe.
Los niños colorean el número que falta y escriben el número en el recuadro.

SESIÓN 3

A. Cuenta y une.
Los niños cuentan los dibujos y los unen al número correcto.

SESIÓN 4

A. Dibuja y escribe.
Los niños dibujan las imágenes y las cuentan. Luego escriben el número.

SESIÓN 5

A. Dibuja, cuenta y di.
Los niños dibujan las líneas. Luego cuentan y dicen.

B. Cuenta y escribe.
Los niños cuentan los dibujos y escriben el número.

SESIÓN 6

A. Colorea los números 7, 8 y 9.
Los niños colorean los números 7, 8 y 9 para descubrir la imagen.

Unidad 9

Sesión 1

OBJETIVOS

» Identificar los alimentos y las bebidas.
» Reconocer sonidos y palabras en español.
» Relacionar palabras escritas con sus significados.

VOCABULARIO

Plátano, pan, zanahoria, pepino, bocadillo, tomate, agua.

MATERIALES

Audios, tarjetas, póster.

LIBRO DEL ALUMNO **PÁGINAS 74-75**

PRESENTACIÓN

» Diga a los niños que miren la escena principal de las páginas 74 y 75. Hágales preguntas sobre la escena principal en su lengua materna. Algunas preguntas posibles son: *¿Qué comida tiene Ana en su plato? ¿Cómo se llama la fruta amarilla? ¿Cuántas sillas hay alrededor de la mesa?*

61 1. ESCUCHA Y REPITE.

» Diga a los niños que van a aprender los nombres de algunos alimentos.

» Ponga la pista, sujetando la tarjeta de cada alimento, o señalándolo en el póster. Haga una pausa y pida que señalen la imagen correcta.

» Ponga la pista nuevamente, haciendo una pausa después de cada palabra. Los niños repiten las palabras en grupo e individualmente.

El plátano, el pan, la zanahoria, el pepino, el bocadillo, el tomate, el agua.

2. SEÑALA Y REPITE.

» Diga una palabra del vocabulario mientras señala la imagen correcta. Los niños repiten la palabra y señalan la imagen en sus libros.

61 3. ESCUCHA Y ENCUENTRA.

» Diga a los niños que usted va a decir una palabra y que ellos deberán señalar la parte del cuerpo correspondiente en sus libros.

» Ponga la pista para recordar el vocabulario aprendido.

» Diga ahora algunas de las palabras al azar. Cuando las vaya diciendo, vaya mostrando la tarjeta de vocabulario correspondiente o señalándola en el póster como apoyo visual.

ACTIVIDADES DE REFUERZO

» Diga a los niños que van a jugar a un juego.

» Invite a un niño a que diga el nombre de un alimento y, después, señale a otro. Este repite el nombre de la comida y dice el nombre de otra comida. Después, señala a otro. Este tercer niño debe decir el nombre de los dos alimentos anteriores y otro nuevo. Continúe con esta dinámica con el resto de vocabulario.

NOTAS

Sesión 2 **Estructura**

Me gusta el plátano.
Me gusta el zumo.
No me gusta la sopa.
1. Escucha y repite.
2. Señala y repite.
3. Practica.

76 setenta y seis

LIBRO DEL ALUMNO

PÁGINA 76

PRESENTACIÓN

» Indique a los niños que observen las imágenes de la página 76. Hágales preguntas en su lengua materna. Algunas preguntas posibles son: *¿Qué está comiendo Carlos? ¿De qué color es el chándal de Ana? ¿A Juan le gusta la sopa?*

62 1. ESCUCHA Y REPITE.

» Diga a los niños que observen cada una de las tres imágenes y que piensen de qué pueden estar hablando los personajes.

» Ponga la pista y haga que señalen la imagen correcta mientras escuchan cada conversación.

» Ponga de nuevo la pista, haciendo una pausa después de cada frase. Los niños repiten las palabras en grupo e individualmente.

Me gusta el plátano. / Me gusta el zumo. / No me gusta la sopa.

2. SEÑALA Y REPITE.

» Proyecte el diálogo en la pizarra para que los niños lo vean con claridad. Diga lentamente una frase mientras vaya señalando cada palabra.

» Repita la frase nuevamente haciendo una pausa después de cada palabra para que puedan repetir después de usted.

Sesión 2

OBJETIVOS

» Preguntar y responder sobre los gustos y disgustos de la comida.
» Seguir una secuencia.

ESTRUCTURA

Me gusta el plátano. / Me gusta el zumo. / No me gusta la sopa.

MATERIALES

Audios, tarjetas, póster, fotos de comida.

3. PRACTICA.

» Diga a los niños que van a representar la conversación.

» Represente la conversación frente a la clase mientras los niños observan y escuchan.

» Pida que un niño se sitúe de pie frente a la clase. Haga la conversación con él, anímelo y ayúdelo tanto como sea necesario. Pida un voluntario diferente para cada una de las conversaciones.

ACTIVIDADES DE AMPLIACIÓN

» Dibuje diferentes tipos de alimentos en la pizarra como un plátano, una pizza, un pan, un pepino, una zanahoria, una manzana, etc. Opcionalmente, usted también puede poner fotos de diferentes alimentos en la pizarra. Pida que un niño salga a la pizarra. Señale una foto de una comida y pregúntele, por ejemplo: *¿Te gusta la pizza?* El niño responde *Sí, me gusta* o *No, no me gusta*, dependiendo de lo que le guste al niño o no. Continúe con esta dinámica con otros niños y con otros alimentos.

NOTAS

Sesión 3

OBJETIVOS

- Decir, reconocer y escribir las letras /Uu/, /Vv/ y /Ww/.
- Reconocer y decir los sonidos /Uu/, /Vv/ y /Ww/.
- Desarrollar la psicomotricidad fina.

VOCABULARIO

Uva, uña, ventilador, vaso, windsurf, kiwi.

MATERIALES

Audios, tarjetas, póster.

LIBRO DEL ALUMNO — PÁGINA 77

PRESENTACIÓN

- Escriba *uva, uña, ventilador, vaso, windsurf* y *kiwi* en la pizarra. Diga cada palabra mientras las va señalando. Invite a los niños a que las repitan.

63 1. ESCUCHA Y SEÑALA.

- Diga a los niños que abran sus libros por la página 77. Dígales que van a aprender nuevas palabras.
- Ponga la pista. Dígales que señalen cada palabra mientras las escuchan. Haga una pausa después de cada palabra y coloque las tarjetas de letras en la pizarra.
- Vuelva a poner la pista mientras los niños escuchan y repiten después de cada palabra. Asegúrese de que van señalando las palabras cuando las escuchan.
- Escriba *uva* en la pizarra debajo de su tarjeta de letra. Señale y diga */u/, /v/, /a/, uva*. Pronuncie cada letra y pida a los niños que repitan. Continúe con esta dinámica con el resto de palabras.

U, uva, uña, V, ventilador, vaso, W, windsurf, kiwi.

2. DIBUJA Y REPITE.

- Diga a los niños que escriban en sus libros con su dedo cada una de las letras de las palabras mientras las van repitiendo lentamente.
- Póngase de espaldas a la clase mientras usa su dedo para "escribir" *Uu* en el aire. Pida a los niños que imiten su acción y escriba *Uu* en el aire. Continúe con las letras *Vv* y *Ww*.

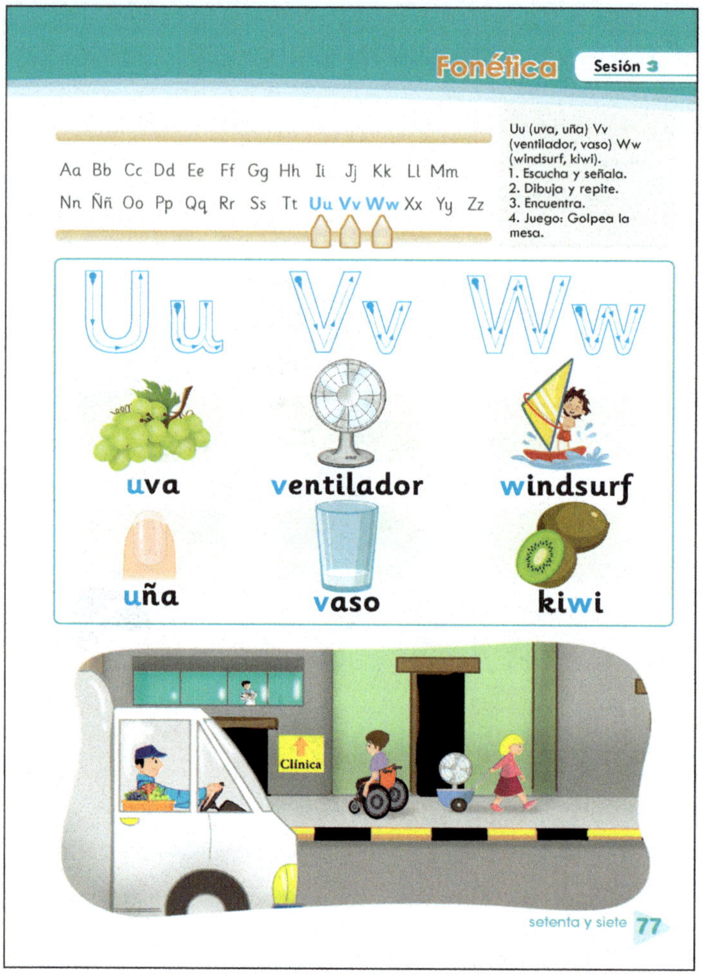

3. ENCUENTRA.

- Diga una de las palabras al azar y pida a los niños que la señalen en sus libros.
- Dígales que señalen la imagen correcta mientras usted va diciendo palabras al azar.

4. JUEGO: GOLPEA LA MESA.

- Diga a los niños que van a jugar a un juego.
- Diga palabras que comiencen con las letras *R - W*. Cuando los niños escuchan una palabra que comienzan por las letras *U, V* y *W*, deben golpear sus mesas.

NOTAS

Sesión 4 **Números**

Revisión 1-10.
1. Escucha y señala.
2. Dibuja y repite.
3. Encuentra y cuenta.
4. Juego: Dibuja los números.

1 2 3 4 5 6 7 8 9 10

1 uno, 2 dos, 3 tres, 4 cuatro, 5 cinco, 6 seis, 7 siete, 8 ocho, 9 nueve, 10 diez

78 setenta y ocho

Sesión 4

OBJETIVOS

- » Revisar los números 1-10.
- » Comenzar a leer palabras simples.
- » Escribir los números del uno al diez.
- » Desarrollar la psicomotricidad fina.

VOCABULARIO

Un dónut, dos dónuts, tres dónuts, cuatro dónuts, cinco dónuts, seis dónuts, siete dónuts, ocho dónuts, nueve dónuts, diez dónuts.

MATERIALES

Audios, tarjetas, póster, papel.

LIBRO DEL ALUMNO **PÁGINA 78**

PRESENTACIÓN

- Repase los números del 1 al 10. Haga una recta numérica en la pizarra. Escriba algunos de los números en la recta y algunos huecos en blanco. Invite a varios niños a que salgan a la pizarra y escriban los números que faltan. Después, toda la clase cuenta del 1 al 10.

64 1. ESCUCHA Y SEÑALA.

- Diga a los niños que van a aprender los números del 1 al 10.
- Ponga la pista y pídales que señalen los números mientras escuchan.
- Ponga de nuevo la pista para que escuchen y repitan los números. Asegúrese de que señalan correctamente los números.

Un dónut, dos dónuts, tres dónuts, cuatro dónuts, cinco dónuts, seis dónuts, siete dónuts, ocho dónuts, nueve dónuts, diez dónuts.

2. DIBUJA Y REPITE.

- Diga a los niños que tracen cada uno de los números con sus dedos en sus libros mientras repite cada número lentamente.

3. ENCUENTRA Y CUENTA.

- Señale los dónuts, los pasteles, las magdalenas y los bollos. Señale uno a uno y diga su nombre.
- Señale los dónuts y diga *dónut.* Los niños repiten. Pídales que cuenten la cantidad de dónuts que hay en la imagen.
- Señale los pasteles y diga *pastel.* Los niños repiten. Pídales que cuenten la cantidad de pasteles que hay en la imagen.
- Señale las magdalenas y diga *magdalena.* Los niños repiten. Pídales que cuenten la cantidad de magdalenas que hay en la imagen.
- Por último, señale los bollos y diga *bollo.* Los niños repiten. Pídales que cuenten la cantidad de bollos que hay en la imagen.

4. JUEGO: DIBUJA LOS NÚMEROS.

- Diga a los niños que van a jugar a un juego.
- Entregue a cada niño una hoja de papel. Dibuje una figura geométrica en la pizarra. Al lado de la figura, escriba un número. Haga que los niños digan el número. Pídales que dibujen en sus hojas tantas formas como indique el número que aparece en la pizarra. Después, dibuje otra forma en la pizarra y escriba al lado un número diferente.

ACTIVIDADES DE AMPLIACIÓN

- Ponga diez monedas en su escritorio. Invite a un niño a contar las monedas. Retire algunas monedas y pida a otro que las cuente.

NOTAS

OBJETIVOS

» Seguir la secuencia de español de izquierda a derecha.
» Desarrollar las destrezas de comprensión oral y escrita en español.
» Entender y disfrutar de una historia.
» Revisar y consolidar el lenguaje de la unidad.

VOCABULARIO

¡Tengo hambre! / No me gusta la zanahoria. / No me gusta el pepino. / ¡Un bocadillo! ¡Sí! Me gusta el bocadillo.

MATERIALES

Audios, tarjetas, póster, fotos de comida.

LIBRO DEL ALUMNO — PÁGINA 79

PRESENTACIÓN

- Señale cada una de las imágenes y revise algunos de los objetos que aparecen como *nevera, cocina, armario* y *encimera*. Diga los nombres y pídales que señalen la imagen correcta y repitan.

65 1. ESCUCHA.

- Diga a los niños que abran sus libros por el cómic titulado *¡Un bocadillo!* de la página 79.
- Recuérdeles que los cómics españoles son presentados de izquierda a derecha. Levante su libro y señale el orden de las imágenes.
- Haga preguntas a los niños sobre la historia en su lengua materna: *¿A Carlos le gustan las zanahorias? ¿Qué alimentos hay en la nevera?¿Qué comida le gusta a Carlos?*
- Dígales que van a escuchar una pequeña historia. Explique que todas las frases que van a escuchar están en sus libros, debajo de cada imagen.
- Ponga la pista para que los niños escuchen la historia. Haga una pausa después de cada imagen. De momento, no les pida que repitan los diálogos. Haga que vayan señalando cada dibujo mientras escuchan la historia.
- Ponga de nuevo la pista, haciendo una pausa después de cada frase. Los niños repiten las frases en grupo e individualmente.
- Pídales que le cuenten en su lengua materna lo que entendieron. Ponga la pista nuevamente si fuera necesario.

¡Tengo hambre! / No me gusta la zanahoria. / No me gusta el pepino. / ¡Un bocadillo! ¡Sí! Me gusta el bocadillo.

2. OBSERVA Y REPITE.

- Proyecte el diálogo en la pizarra para que los niños lo vean con claridad. Diga una frase muy lentamente mientras señala cada palabra. Repita la frase nuevamente haciendo una pausa después de cada palabra para que repitan.

65 3. ESCUCHA Y PRACTICA.

- Diga al grupo que van a representar la historia.
- Invite a dos niños a ponerse de pie delante de la clase y a que representen la historia con usted.
- Represente la historia frente a la clase mientras los niños miran y escuchan.
- Represente y haga mímica de la historia con ellos, animándolos y ayudándolos tanto como sea necesario. Llame a otros voluntarios para representar la historia.

ACTIVIDADES DE AMPLIACIÓN

- Dibuje diferentes tipos de alimentos en la pizarra o muestre imágenes de comida en la pizarra. Señale cada imagen. Cuando señale una imagen, los niños responderán levantando sus dedos pulgares hacia arriba si les gusta esa comida o con sus dedos pulgares hacia abajo si no les gusta esa comida.

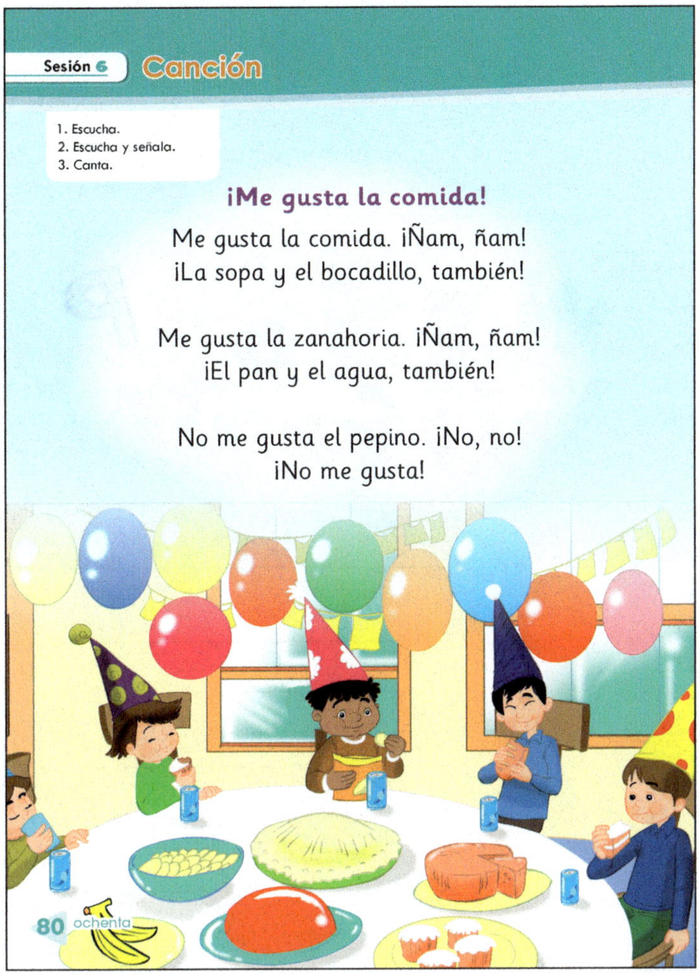

Sesión 6 Canción

1. Escucha.
2. Escucha y señala.
3. Canta.

¡Me gusta la comida!

Me gusta la comida. ¡Ñam, ñam!
¡La sopa y el bocadillo, también!

Me gusta la zanahoria. ¡Ñam, ñam!
¡El pan y el agua, también!

No me gusta el pepino. ¡No, no!
¡No me gusta!

80 ochenta

LIBRO DEL ALUMNO

PÁGINA 80

PRESENTACIÓN

66 1. ESCUCHA.

- Diga a los niños que van a cantar una canción. Pídales que abran por la canción de la página 80.
- Ponga la pista y dígales que escuchen la canción. Ponga de nuevo la canción mientras los niños escuchan.

Me gusta la comida. ¡Ñam, ñam! / ¡La sopa y el bocadillo, también! / Me gusta la zanahoria. ¡Ñam, ñanm! / ¡El pan y el agua, también! / No me gusta el pepino. ¡No, no! / ¡No me gusta!

66 2. ESCUCHA Y SEÑALA.

- Ponga de nueva la pista mientras los niños escuchan y señalan cada palabra.
- Asegúrese de que siguen la letra de la canción.

66 3. CANTA.

- Vuelva a ponerla pista mientras escuchan y señalan cada palabra. Invítelos a cantar.

Sesión 6

OBJETIVOS

- Seguir la secuencia de español de izquierda a derecha.
- Desarrollar las destrezas de comprensión oral y escrita en español.
- Entender y disfrutar de una canción.
- Revisar y consolidar el lenguaje de la unidad.

VOCABULARIO

Me gusta la comida. ¡Ñam, ñam! / ¡La sopa y el bocadillo, también! / Me gusta la zanahoria. ¡Ñam, ñanm! / ¡El pan y el agua, también! / No me gusta el pepino. ¡No, no! / ¡No me gusta!

MATERIALES

Audios, tarjetas, póster.

NOTAS

OBJETIVOS

» Revisar las letras *Uu-Ww*.
» Trazar y escribir las letras *Uu-Ww*.
» Desarrollar la psicomotricidad fina.

VOCABULARIO

Uva, uña, ventilador, vaso, windsurf, kiwi.

MATERIALES

Audios, tarjetas, póster.

LIBRO DEL ALUMNO **PÁGINA 81**

PRESENTACIÓN

- Pregunte a los niños si pueden nombrar alguna de las letras de la imagen.

67 1. ESCUCHA Y REPITE.

- Diga a los niños que van a revisar las letras *Uu*, *Vv* y *Ww*.
- Pídales que abran sus libros por la página 81.
- Diga cada letra y su sonido. Los niños repiten.

U, V, W.

2. SEÑALA Y REPITE.

- Diga cada letra mientras los niños señalan letra y repiten individualmente. Identifique la forma mayúscula y minúscula de cada letra, y asegúrese de que señalan la forma correcta.

3. PRACTICA.

- Revise la pronunciación de cada letra. Haga mímica delante de la clase de algunas palabras e invítelos a decir la palabra correcta. Es posible que no sean capaces de decir todas las palabras. Cuando digan la palabra que usted está gesticulando, pídales que señalen la primera letra de la palabra. Por ejemplo, haga el gesto para la palabra *vaso*, bebiendo un vaso de agua. Los niños dicen *vaso*. Luego pídales la letra de la palabra para que respondan *v*.

4. JUEGO: MUÉVETE.

- Diga a los niños que van a jugar a un juego.
- Muéstreles cómo hacer las acciones de frotarse las manos, aplaudir y dar pisadas. Los niños copian las acciones. Diga lentamente el abecedario de la *A* a la *W*. Pídales que repitan y guíelos para que hagan una acción cada vez que digan una letra.

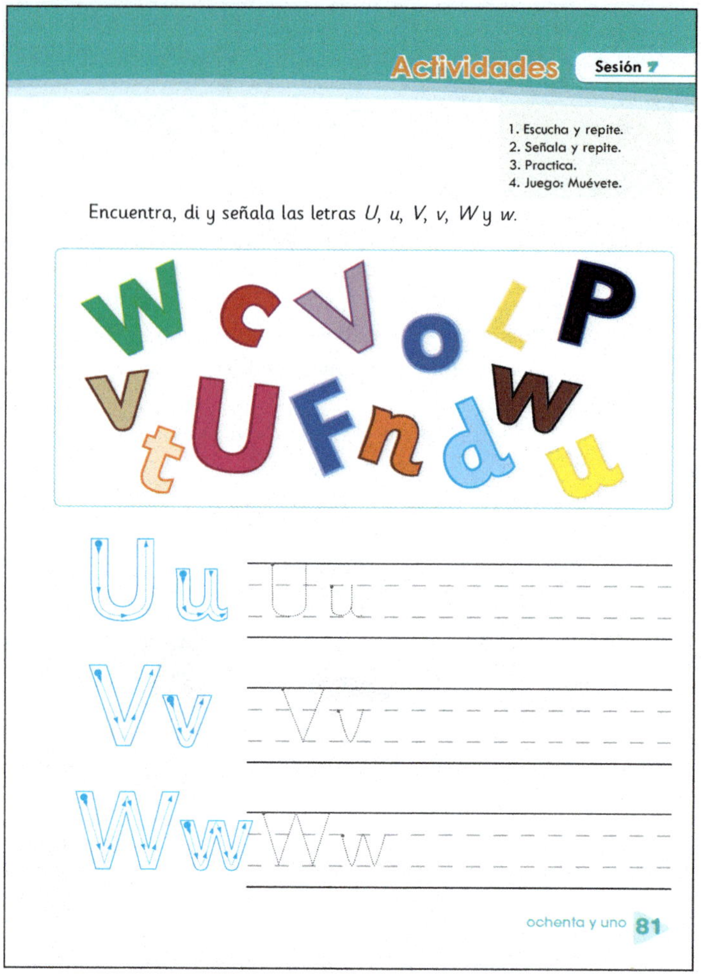
Actividades Sesión 7

1. Escucha y repite.
2. Señala y repite.
3. Practica.
4. Juego: Muévete.

Encuentra, di y señala las letras *U*, *u*, *V*, *v*, *W* y *w*.

ochenta y uno 81

NOTAS

CUADERNO DE ACTIVIDADES PÁGINAS 66-73

» Explique cada uno de los ejercicios en el *Cuaderno de actividades*. Diga las instrucciones clara y lentamente. En la pizarra, haga uno de los ejercicios para que sepan lo que tienen que hacer. El *Cuaderno de actividades* lo pueden hacer en clase o en casa. Los ejercicios pueden corregirse en clase, en grupo o individualmente.

SESIÓN 1

A. Une y di.
Los niños relacionan las imágenes con sus siluetas y dicen sus nombres.

SESIÓN 2

A. Mira y une.
Los niños hacen coincidir los alimentos de los recuadros con los alimentos de la mesa.

SESIÓN 3

A. Di y escribe.
Los niños dicen los nombres de los alimentos y escriben la letra inicial de cada comida.

B. color.
Los niños colorean la imagen. Después, dicen la letra inicial de cada comida.

SESIÓN 4

A. Escribe.
Los niños trazan y escriben las letras.

B. Colorea.
Los niños colorean los dibujos y las letras.

SESIÓN 5

A. Escribe.
Los niños trazan y escriben las letras.

B. Colorea y di.
Los niños colorean los dibujos y las letras. Después dicen la letra y la palabra.

SESIÓN 6

A. Escribe.
Los niños trazan y escriben las letras.

B. Colorea y di.
Los niños colorean los dibujos y las letras. Después dicen la letra y la palabra.

SESIÓN 7

A. Mira, cuenta y escribe.
Los niños cuentan los alimentos y escriben el número.

B. Escribe y di.
Los niños escriben y dicen los números.

SESIÓN 8

A. Encuentra y rodea.
Los niños encuentran las letras y las rodean.

B. Colorea la letra que es igual.
Los niños colorean la letra que es la misma.

LIBRO DE LOS NÚMEROS PÁGINAS 50-55

» Explique cada uno de los ejercicios del *Libro de los números*. Diga las instrucciones clara y lentamente. En la pizarra, haga uno de los ejercicios para que sepan lo que tienen que hacer. El *Libro de los números* lo pueden hacer en clase o en casa. Los ejercicios pueden corregirse en clase, en grupo o individualmente.

SESIÓN 1

A. Cuenta y escribe.
Los niños cuentan los dibujos y escriben el número.

SESIÓN 2

A. Observa, cuenta y escribe.
Los niños cuentan los alimentos y escriben los números de cada comida.

SESIÓN 3

A. Escribe el número siguiente.
Los niños escriben el siguiente número.

B. Cuenta y une.
Los niños cuentan y relacionan el dibujo con el número correcto.

SESIÓN 4

A. Rodea el grupo mayor.
Los niños cuentan los dibujos y rodean el grupo que indica mayor cantidad.

SESIÓN 5

A. Cuenta, suma y escribe.
Los niños cuentan y escriben los números. Después, suman dos números y escriben el resultado.

SESIÓN 6

A. Sigue los números. Ayuda a Ana a llegar al subibaja.
Los niños relacionan los números en el orden correcto para ayudar a Ana a llegar al subibaja. Los niños comienzan con el número 1 y terminan con el 10.

UNIDAD 10

Sesión 1

OBJETIVOS

» Identificar algunas acciones.
» Reconocer sonidos y palabras en español.
» Relacionar palabras escritas con sus significados.

VOCABULARIO

Tomar, subir, golpear, dar una patada, montar en bici, nadar, lanzar.

MATERIALES

Audios, tarjetas, póster.

LIBRO DEL ALUMNO **PÁGINAS 82-83**

PRESENTACIÓN

» Diga a los niños que miren la escena principal de las páginas 82 y 83. Hágales preguntas sobre la escena principal en su lengua materna. Algunas preguntas posibles son: *¿Qué está haciendo Carlos con la pelota? ¿Quién monta en bicicleta? ¿Te gusta nadar?*

68 1. ESCUCHA Y REPITE.

» Diga a los niños que van a aprender los nombres de algunas actividades.

» Ponga la pista, sujetando la tarjeta de cada acción, o señalándolo en el póster. Haga una pausa y pida que señalen la imagen correcta.

» Ponga la pista nuevamente, haciendo una pausa después de cada palabra. Los niños repiten las palabras en grupo e individualmente.

Tomar, subir, golpear, dar una patada, montar en bici, nadar, lanzar.

2. SEÑALA Y REPITE.

» Diga una palabra del vocabulario mientras señala la imagen correcta. Los niños repiten la palabra y señalan la imagen en sus libros.

68 3. ESCUCHA Y ENCUENTRA.

» Diga a los niños que usted va a decir una palabra y que ellos deberán señalar la acción correspondiente en sus libros.

» Ponga la pista para recordar el vocabulario aprendido.

» Diga ahora algunas de las palabras al azar. Cuando las vaya diciendo, vaya mostrando la tarjeta de vocabulario correspondiente o señalándola en el póster como apoyo visual.

ACTIVIDADES DE AMPLIACIÓN

» Diga a los niños que van a jugar a un juego.

» Escriba una de las palabras del vocabulario en la pizarra. Invite a un niño a participar. Muéstrele tres tarjetas de vocabulario y dígale que elija la tarjeta que coincide con la palabra de la pizarra. Continúe el mismo proceso con otros niños y diferentes palabras.

NOTAS

Sesión 2 Estructura

Yo puedo dar una patada a la pelota.
Yo no puedo golpear la pelota.
Yo puedo montar en bici.
1. Escucha y repite.
2. Señala y repite.
3. Practica.

84 ochenta y cuatro

LIBRO DEL ALUMNO

PÁGINA 84

PRESENTACIÓN

» Indique a los niños que observen las imágenes de la página 84. Hágales preguntas en su lengua materna. Algunas preguntas posibles son: *¿Crees que la pelota de Juan ha ido lejos? ¿Por qué no puede Carlos golpear la pelota? ¿Dónde está Sara montando en bicicleta?*

69 1. ESCUCHA Y REPITE.

» Diga a los niños que observen cada una de las tres imágenes y que piensen de qué pueden estar hablando los personajes.

» Ponga la pista y haga que señalen la imagen correcta mientras escuchan cada conversación.

» Ponga de nuevo la pista, haciendo una pausa después de cada frase. Los niños repiten las palabras en grupo e individualmente.

Yo puedo dar una patada a la pelota. / Yo no puedo golpear la pelota. / Yo puedo montar en bici.

2. SEÑALA Y REPITE.

» Proyecte el diálogo en la pizarra para que los niños lo vean con claridad. Diga lentamente una frase mientras vaya señalando cada palabra.

» Repita la frase nuevamente haciendo una pausa después de cada palabra para que puedan repetir después de usted.

Sesión 2

OBJETIVOS

» Hablar y escribir sobre las habilidades de uno.

» Seguir una secuencia.

ESTRUCTURA

Yo puedo dar una patada a la pelota. / Yo no puedo golpear la pelota. / Yo puedo montar en bici.

MATERIALES

Audios, tarjetas, póster.

3. PRACTICA.

» Diga a los niños que van a representar la conversación.

» Represente la conversación frente a la clase mientras los niños observan y escuchan.

» Pida que un niño se sitúe de pie frente a la clase. Haga la conversación con él, anímelo y ayúdelo tanto como sea necesario. Pida un voluntario diferente para cada una de las conversaciones.

ACTIVIDADES DE AMPLIACIÓN

» Diga a los niños que van a jugar a un juego.

» Invite a un niño a salir a la pizarra. Dele una tarjeta de vocabulario. Dígale que la sostenga y haga una frase sobre sí mismo usando la estructura *Puedo...* o *No puedo...* Continúe con esta dinámica con el resto de niños.

NOTAS

Sesión 3

OBJETIVOS

- Decir, reconocer y escribir las letras /Xx/, /Yy/ y /Zz/.
- Reconocer y decir los sonidos /Xx/, /Yy/ y /Zz/.
- Desarrollar la psicomotricidad fina.

VOCABULARIO

Taxi, flexo, yoyó , yogur, azul, zorro.

MATERIALES

Audios, tarjetas, póster.

LIBRO DEL ALUMNO PÁGINA 85

PRESENTACIÓN

- Escriba *taxi, flexo, yoyó, yogur, azul* y *zorro* en la pizarra. Diga cada palabra mientras las va señalando. Invite a los niños a que las repitan.

70 1. ESCUCHA Y SEÑALA.

- Diga a los niños que abran sus libros por la página 85. Dígales que van a aprender nuevas palabras.
- Ponga la pista. Dígales que señalen cada palabra mientras las escuchan. Haga una pausa después de cada palabra y coloque las tarjetas de letras en la pizarra.
- Vuelva a poner la pista mientras los niños escuchan y repiten después de cada palabra. Asegúrese de que van señalando las palabras cuando las escuchan.
- Escriba *zorro* en la pizarra debajo de su tarjeta de letra. Señale y diga /z/, /o/, /r/, /r/, /o/, *zorro*. Pronuncie cada letra y pida a los niños que repitan. Continúe con esta dinámica con el resto de palabras.

T, taxi, F, flexo, Y, yoyó, yogur, Z, azul, zorro.

2. DIBUJA Y REPITE.

- Diga a los niños que escriban en sus libros con su dedo cada una de las letras de las palabras mientras las van repitiendo lentamente.
- Póngase de espaldas a la clase mientras usa su dedo para "escribir" *Xx* en el aire. Pídales que imiten su acción y escriba *Xx* en el aire. Continúe con las letras *Yy* y *Zz*.

3. ENCUENTRA.

- Diga una de las palabras al azar y pida a los niños que la señalen en sus libros.
- Dígales que señalen la imagen correcta mientras usted va diciendo palabras al azar.

4. JUEGO: DA DOS VUELTAS.

- Diga a los niños que van a jugar a un juego.
- Diga palabras con la letra *X* y con otras letras. Cuando escuchan una palabra con un sonido */X/*, deben dar dos vueltas en el aire.

NOTAS

Sesión 4 Números

Revisión 1-10.
1. Escucha y señala.
2. Dibuja y repite.
3. Encuentra y cuenta.
4. Juego: Cuenta las monedas.

1 2 3 4 5 6 7 8 9 10

86 ochenta y seis

LIBRO DEL ALUMNO — PÁGINA 86

PRESENTACIÓN

- Repase los números del 1 al 10. Pida a los niños que cuenten diferentes objetos del aula, como las sillas, las ventanas, los libros, las mochilas, los bolígrafos, las mesas, etc.

71 1. ESCUCHA Y SEÑALA.

- Diga a los niños que van a aprender los números del 1 al 10.
- Ponga la pista y pídales que señalen los números mientras escuchan.
- Ponga de nuevo la pista para que escuchen y repitan los números. Asegúrese de que señalan correctamente los números.

Una mariposa, dos mariposas, tres mariposas, cuatro mariposas, cinco mariposas, seis mariposas, siete mariposas, ocho mariposas, nueve mariposas, diez mariposas.

2. DIBUJA Y REPITE.

- Dígales que tracen cada uno de los números con sus dedos en sus libros mientras repite cada número lentamente.

3. ENCUENTRA Y CUENTA.

- Señale los pájaros, los caracoles, las manzanas, las mariquitas, las flores y las mariposas. Señale uno a uno y diga su nombre.
- Señale los pájaros y diga *pájaro*. Los niños repiten. Pídales que cuenten la cantidad de pájaros que hay en la imagen.
- Señale los caracoles y diga *caracol*. Los niños repiten. Pídales que cuenten la cantidad de caracoles que hay en la imagen.
- Señale las manzanas y diga *manzana*. Los niños repiten. Pídales que cuenten la cantidad de manzanas que hay en la imagen.
- Señale las flores y diga *flor*. Los niños repiten. Pídales que cuenten la cantidad de flores que hay en la imagen.
- Por último, señale las mariposas y diga *mariposa*. Los niños repiten. Pídales que cuenten la cantidad de mariposas que hay en la imagen.

4. JUEGO: CUENTA LAS MONEDAS

- Diga a los niños que van a jugar a un juego.
- Coloque diez monedas en su mesa. Pida a un niño que salga y cuente las monedas. Después, retire algunas monedas y pida a otro que salga y que las cuente. Continúe con esta dinámica con el resto de los niños.

ACTIVIDADES DE REFUERZO

- Diga a los niños que van a jugar al juego de las palmadas.
- Explíqueles que usted va a dar palmadas y que ellos deben contar la cantidad de veces que lo ha hecho. Por ejemplo, dé diez palmadas y los niños deben contar en voz alta. Repita y cambie el ritmo de sus palmadas.

Sesión 4

OBJETIVOS

- Revisar los números 1-10.
- Comenzar a leer palabras simples.
- Escribir los números del uno al diez.
- Desarrollar la psicomotricidad fina.

VOCABULARIO

Una mariposa, dos mariposas, tres mariposas, cuatro mariposas, cinco mariposas, cinco mariposas, siete mariposas, ocho mariposas, nueve mariposas, diez mariposas.

MATERIALES

Audios, tarjetas, póster, monedas.

Sesión 5

OBJETIVOS

- » Seguir la secuencia de español de izquierda a derecha.
- » Desarrollar las destrezas de comprensión oral y escrita en español.
- » Entender y disfrutar de una historia.
- » Revisar y consolidar el lenguaje de la unidad.

VOCABULARIO

Nosotros podemos subir. / Nosotros podemos jugar. / Nosotros no podemos montar en bici. / ¡Nosotros podemos correr!

MATERIALES

Audios, tarjetas, póster.

LIBRO DEL ALUMNO **PÁGINA 87**

PRESENTACIÓN

- Señale cada una de las imágenes y revise algunos de los objetos que aparecen, como *árbol, pelota, bicicleta* y *patinete.* Diga los nombres y pídales que señalen la imagen correcta y repitan.

72 1. ESCUCHA.

- Diga a los niños que abran sus libros por el cómic titulado *¿Qué puedes hacer?* de la página 87.
- Recuérdeles que los cómics españoles son presentados de izquierda a derecha. Levante su libro y señale el orden de las imágenes.
- Haga preguntas a los niños sobre la historia en su lengua materna: *¿Crees que a Beni y a Lola les gusta subir a los árboles? ¿En qué monta Juan? ¿Por qué están corriendo Beni y Lola detrás de Juan y Sara?*
- Dígales que van a escuchar una pequeña historia. Explique que todas las frases que van a escuchar están en sus libros, debajo de cada imagen.
- Ponga la pista para que escuchen la historia. Haga una pausa después de cada imagen. De momento, no les pida que repitan los diálogos. Haga que vayan señalando cada dibujo mientras escuchan la historia.
- Ponga de nuevo la pista, haciendo una pausa después de cada frase. Los niños repiten las frases en grupo e individualmente.
- Pídales que le cuenten en su lengua materna lo que entendieron. Ponga la pista nuevamente si fuera necesario.

Nosotros podemos subir. / Nosotros podemos jugar. / Nosotros no podemos montar en bici. / ¡Nosotros podemos correr!

2. OBSERVA Y REPITE.

- Proyecte el diálogo en la pizarra para que los niños lo vean con claridad. Diga una frase muy lentamente mientras señala cada palabra. Repita la frase nuevamente haciendo una pausa después de cada palabra para que repitan.

72 3. ESCUCHA Y PRACTICA.

- Diga al grupo que van a representar la historia.
- Invite a cuatro niños a ponerse de pie delante de la clase y a que representen la historia con usted.
- Represente la historia frente a la clase mientras los niños miran y escuchan.
- Represente y haga mímica de la historia con ellos, animándolos y ayudándolos tanto como sea necesario. Llame a otros voluntarios para representar la historia.

ACTIVIDADES DE AMPLIACIÓN

- Invite a un niño a salir a la pizarra. Dígale al oído una de las palabras de vocabulario. Pídale que intente representar la palabra al resto de la clase. Ayúdelo si es necesario. Continúe la dinámica con otros voluntarios.

LIBRO DEL ALUMNO

PÁGINA 88

PRESENTACIÓN

» Pregunte a los niños sobre lo que sucede en la imagen.

73 1. ESCUCHA.

» Diga a los niños que van a cantar una canción. Pídales que abran por la canción de la página 88.

» Ponga la pista y dígales que escuchen la canción. Ponga de nuevo la canción mientras escuchan.

Correr, correr, correr, correr. ¡Podemos correr!
Lanzar, lanzar, lanzar, lanzar. ¡Podemos lanzar!
Subir, subir, subir, subir. ¡Podemos subir!
Jugar, jugar, jugar. ¡Podemos jugar!
¡Este fin de semana podemos correr, lanzar, subir y jugar!

73 2. ESCUCHA Y SEÑALA.

» Ponga de nueva la pista mientras los niños escuchan y señalan cada palabra.

» Asegúrese de que siguen la letra de la canción.

73 3. CANTA.

» Vuelva a poner la pista mientras escuchan y señalan cada palabra. Invítelos a cantar.

Sesión 6

OBJETIVOS

» Seguir la secuencia de español de izquierda a derecha.

» Desarrollar las destrezas de comprensión oral y escrita en español.

» Entender y disfrutar de una canción.

» Revisar y consolidar el lenguaje de la unidad.

VOCABULARIO

Correr, correr, correr, correr. ¡Podemos correr! / Lanzar, lanzar, lanzar, lanzar. ¡Podemos lanzar! / Subir, subir, subir, subir. ¡Podemos subir! / Jugar, jugar, jugar. ¡Podemos jugar! / ¡Este fin de semana podemos correr, lanzar, subir y jugar!

MATERIALES

Audios, tarjetas, póster.

NOTAS

Sesión 7

OBJETIVOS
- Revisar las letras *Xx-Zz*.
- Trazar y escribir las letras *Xx-Zz*.
- Desarrollar la psicomotricidad fina.

VOCABULARIO
Taxi, flexo, yoyó, yogur, azul, zorro.

MATERIALES
Audios, tarjetas, póster.

LIBRO DEL ALUMNO **PÁGINA 89**

PRESENTACIÓN

- Pregunte a los niños si pueden nombrar alguna de las letras de la imagen.

74 1. ESCUCHA Y REPITE.

- Diga a los niños que van a revisar las letras *Xx*, *Yy* y *Zz*.
- Pídales que abran sus libros por la página 89.
- Diga cada letra y su sonido. Los niños repiten.

X, Y, Z.

2. SEÑALA Y REPITE.

- Diga cada letra mientras los niños señalan letra y repiten individualmente. Identifique la forma mayúscula y minúscula de cada letra, y asegúrese de que señalan la forma correcta.

3. PRACTICA.

- Revise la pronunciación de cada letra. Haga mímica delante de la clase de algunas palabras e invítelos a decir la palabra correcta. Es posible que no sean capaces de decir todas las palabras. Cuando digan la palabra que usted está gesticulando, pídales que señalen la primera letra de la palabra. Por ejemplo, haga el gesto para la palabra *yoyó*, jugando con él. Los niños dicen *yoyó*. Luego pídales la letra de la palabra para que respondan *y*.

4. JUEGO: HAZLO TRES VECES.

- Diga a los niños que van a jugar a un juego.
- Escriba las palabras en la pizarra. Señale cada palabra y represéntela ante la clase. Luego haga que se pongan en círculo. Señale una palabra de la pizarra e invite a un niño a que imite la palabra. Este representa la palabra tres veces. Después, señale otra palabra e invite a otro niño a representar la palabra tres veces. Continúe esta dinámica con el resto de la clase.

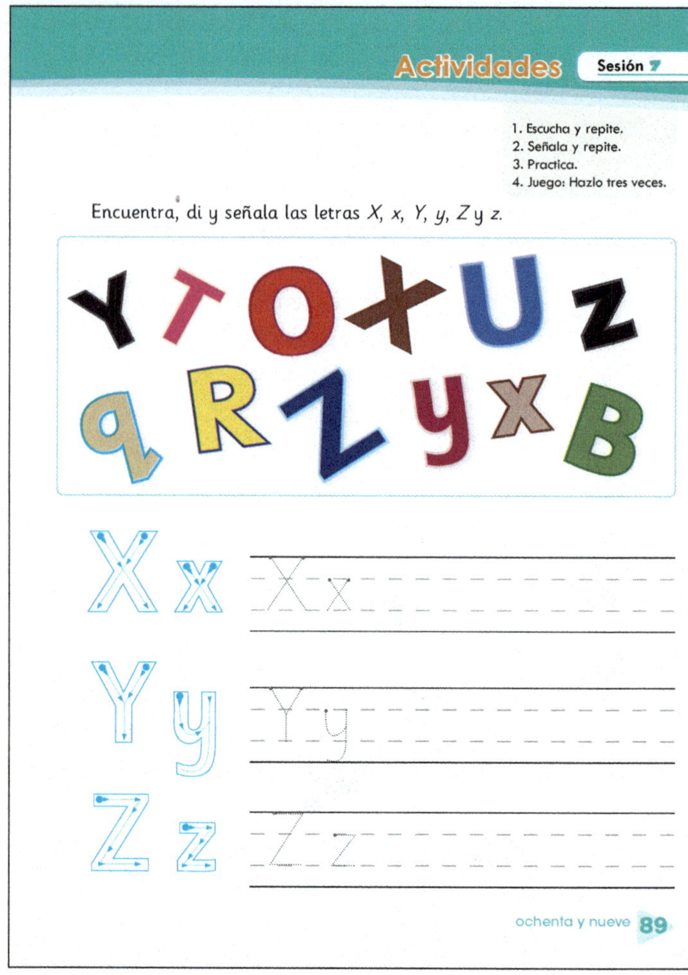
Actividades Sesión 7

1. Escucha y repite.
2. Señala y repite.
3. Practica.
4. Juego: Hazlo tres veces.

Encuentra, di y señala las letras *X, x, Y, y, Z* y *z*.

ochenta y nueve 89

NOTAS

CUADERNO DE ACTIVIDADES — PÁGINAS 74-81

» Explique cada uno de los ejercicios en el *Cuaderno de actividades*. Diga las instrucciones clara y lentamente. En la pizarra, haga uno de los ejercicios para que sepan lo que tienen que hacer. El *Cuaderno de actividades* lo pueden hacer en clase o en casa. Los ejercicios pueden corregirse en clase, en grupo o individualmente.

SESIÓN 1

A. Pega.
Los niños pegan la imagen correcta para completar la secuencia.

SESIÓN 2

A. Une y di.
Los niños relacionan las imágenes similares y dicen la palabra del vocabulario aprendido que representa la imagen.

SESIÓN 3

A. Di y colorea.
Los niños observan y dicen las diferentes acciones que se representan en la imagen. Luego colorean la imagen.

SESIÓN 4

A. Escribe.
Los niños trazan y escriben las letras.

B. Colorea y di.
Los niños colorean los dibujos y las letras. Luego dicen la letra y la palabra.

SESIÓN 5

A. Escribe.
Los niños trazan y escriben las letras.

B. Colorea y di.
Los niños colorean los dibujos y las letras. Luego dicen la letra y la palabra.

SESIÓN 6

A. Escribe.
Los niños trazan y escriben las letras.

B. Colorea y di.
Los niños colorean los dibujos y las letras. Luego dicen la letra y la palabra.

SESIÓN 7

A. Une los números en el orden correcto. Ayuda a Beni a encontrar a Lola.
Los niños unen los números en el orden correcto para llegar a Lola.

SESIÓN 8

A. Siga las letras.
Los niños unen las letras en el orden correcto según el abecedario.

LIBRO DE LOS NÚMEROS — PÁGINAS 56-64

» Explique cada uno de los ejercicios del *Libro de los números*. Diga las instrucciones clara y lentamente. En la pizarra, haga uno de los ejercicios para que sepan lo que tienen que hacer. El *Libro de los números* lo pueden hacer en clase o en casa. Los ejercicios pueden corregirse en clase, en grupo o individualmente.

SESIÓN 1

A. Escriba los números en orden.
Los niños escriben los números en el orden correcto.

B. Une las palabras y los números.
Los niños hacen coincidir las palabras numéricas con sus números.

SESIÓN 2

A. Cuenta y une.
Los niños cuentan los dibujos y las unen con el número correcto de círculos.

SESIÓN 3

A. Cuenta y une.
Los niños cuentan los dibujos y las unen a la suma correcta.

SESIÓN 4

A. Encuentra y cuenta. Escribe.
Los niños encuentran en la imagen los animales y los cuentan. Después, escriben el número.

SESIÓN 5

A. Une los puntos. ¿Qué ves?
Los niños unen los puntos según el orden correcto de los números. Cuando terminen verán una imagen de una bicicleta.

B. Cuenta, suma y escribe.
Los niños cuentan las imágenes y escriben los números. Luego suman los números y escriben la respuesta.

ESCRIBE LOS NÚMEROS.

Los niños trazan y escriben los números del 1 al 10.

EL JUEGO DE MEMORIA: LOS NÚMEROS

Los niños recortan las tarjetas. Después, agrupan separadamente las tarjetas de números y las de dibujos. Tienen que ponerlas bocabajo en sus mesas. Cuando levantan una tarjeta de número, dicen el número en voz alta y, seguidamente, levantan una tarjeta de dibujo. Si ambas coinciden, las retira del juego y gana esta pareja. Si no coinciden, vuelve a ponerlas bocabajo.
Si lo desea, puede pedirles que jueguen en parejas.

Canción

OBJETIVOS

» Revisar las letras *Aa - Zz*.

» Revisar los números *1 - 10*.

MATERIALES

Audios, tarjetas, póster.

1. ESCRIBE.

» Revise el abecedario y los números, escribiéndolos en la pizarra.

2. SEÑALA Y DI.

» Señale y diga cada letra. Los niños repiten. Después, señale y diga cada número. Los niños repiten.

3. CUENTA.

» Dibuje cuatro círculos en la pizarra. Pida a los alumnos que cuenten en voz alta. Después, dibuje ocho círculos en la pizarra. Pídales que cuenten en voz alta. Continúe esta dinámica con el resto de números.

75 4. ESCUCHA Y DI.

» Ponga la pista, haciendo pausas después de cada frase. Los niños repiten las palabras en grupo e individualmente.

Canción

¡Empieza por A! ¡Arena, avión! ¡1, 2, 3!
¡Empieza por B! ¡Boca, burro! ¡4, 5, 6!
¡Empieza por C! ¡Caja, cebra, circo, cometa! ¡7, 8, 9, 10!
¡Empieza por D! ¡Dedo, dado! ¡1, 2, 3!
¡Empieza por E! ¡Elefante, espejo! ¡4, 5, 6!
¡Empieza por F! ¡Foca, fresa! ¡7, 8, 9, 10!
¡Empieza por G! ¡Gato, gusano! ¡1, 2, 3!
¡Empieza por H! ¡Hormiga, huevo! ¡4, 5, 6!
¡Empieza por I! ¡Insecto, isla! ¡7, 8, 9, 10!
¡Empieza por J! ¡Jirafa, jaula! ¡1, 2, 3!
¡Empieza por K! ¡Kiwi, kárate! ¡4, 5, 6!
¡Empieza por L! ¡Limón, león! ¡7, 8, 9, 10!
¡Empieza por M! ¡Mono, mano! ¡1, 2, 3!
¡Empieza por N! ¡Nariz, naranja! ¡4, 5, 6!
¡Contiene la Ñ! ¡Niño, niña! ¡7, 8, 9, 10!
¡Empieza por O! ¡Ocho, oso! ¡1, 2, 3!
¡Empieza por P! ¡Pelota, pizza! ¡4, 5, 6!
¡Contiene la Q! ¡Queso, esquí! ¡7, 8, 9, 10!
¡Contiene la R! ¡Reina, correr! ¡1, 2, 3!
¡Empieza por S! ¡Sombrero, saltar! ¡4, 5, 6!
¡Empieza por T! ¡Taza, tren! ¡7, 8, 9, 10!
¡Empieza por U! ¡Uva, uña! ¡1, 2, 3!
¡Empieza por V! ¡Ventilador, vaso! ¡4, 5, 6!
¡Contiene la W! ¡Windsurf, kiwi! ¡7, 8, 9, 10!
¡Contiene la X! ¡Taxi, flexo! ¡1, 2, 3!
¡Empieza por Y! ¡Yogur, yoyó! ¡4, 5, 6!
¡Contiene la Z! ¡Azul, zorro! ¡7, 8, 9, 10!

90 noventa

¡Empieza por A! ¡Arena, avión! ¡1, 2, 3!
¡Empieza por B! ¡Boca, burro! ¡4, 5, 6!
¡Empieza por C! ¡Caja, cebra, circo, cometa! ¡7, 8, 9, 10!
¡Empieza por D! ¡Dedo, dado! ¡1, 2, 3!
¡Empieza por E! ¡Elefante, espejo! ¡4, 5, 6!
¡Empieza por F! ¡Foca, fresa! ¡7, 8, 9, 10!
¡Empieza por G! ¡Gato, gusano! ¡1, 2, 3!
¡Empieza por H! ¡Hormiga, huevo! ¡4, 5, 6!
¡Empieza por I! ¡Insecto, isla! ¡7, 8, 9, 10!
¡Empieza por J! ¡Jirafa, jaula! ¡1, 2, 3!
¡Empieza por K! ¡Kiwi, kárate! ¡4, 5, 6!
¡Empieza por L! ¡Limón, león! ¡7, 8, 9, 10!
¡Empieza por M! ¡Mono, mano! ¡1, 2, 3
¡Empieza por N! ¡Nariz, naranja! ¡4, 5, 6!
¡Contiene la Ñ! ¡Niño, niña! ¡7, 8, 9, 10!
¡Empieza por O! ¡Ocho, oso! ¡1, 2, 3!
¡Empieza por P! ¡Pelota, pizza! ¡4, 5, 6!
¡Contiene la Q! ¡Queso, esquí! ¡7, 8, 9, 10!
¡Contiene la R! ¡Reina, correr! ¡1, 2, 3!
¡Empieza por S! ¡Sombrero, saltar! ¡4, 5, 6!
¡Empieza por T! ¡Taza, tren! ¡7, 8, 9, 10!
¡Empieza por U! ¡Uva, uña! ¡1, 2, 3!
¡Empieza por V! ¡Ventilador, vaso! ¡4, 5, 6!
¡Contiene la W! ¡Windsurf, kiwi! ¡7, 8, 9, 10!
¡Contiene la X! ¡Taxi, flexo! ¡1, 2, 3!
¡Empieza por Y! ¡Yogur, yoyó! ¡4, 5, 6!
¡Contiene la Z! ¡Azul, zorro! ¡7, 8, 9, 10!

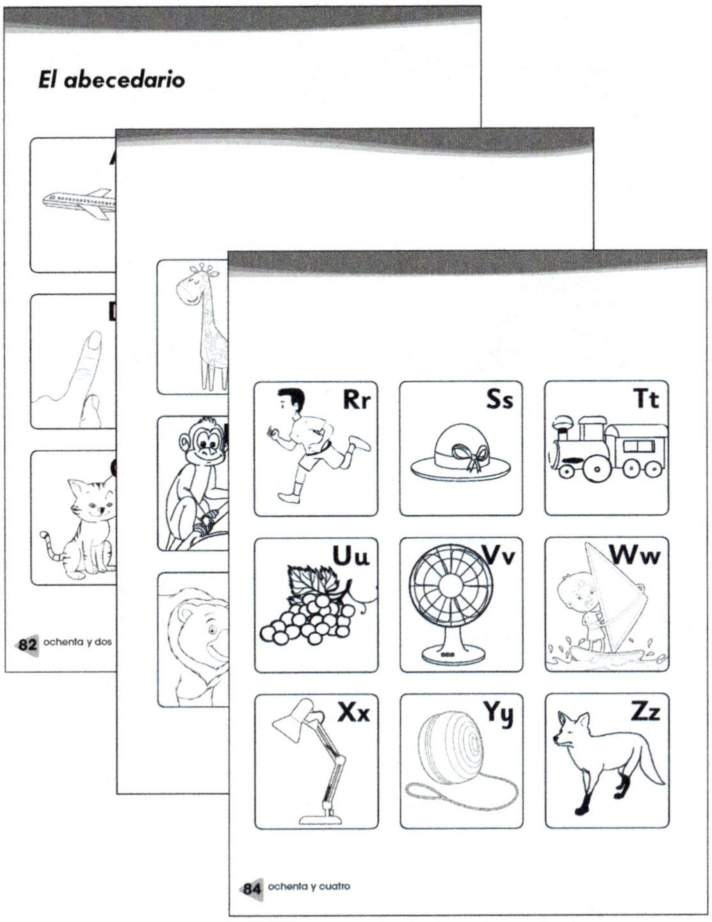

El abecedario

OBJETIVOS

» Revisar las letras *Aa – Zz*.
» Desarrollar la psicomotricidad fina.

VOCABULARIO

Aa, Bb, Cc, Dd, Ee, Ff, Gg, Hh, Ii, Jj, Kk, Ll, Mm, Nn, Ññ, Oo, Pp, Qq, Rr, Ss, Tt, Uu, Vv, Ww, Xx, Yy, Zz.

CUADERNO DE ACTIVIDADES PÁGINAS 82-84

1. ESCRIBE.

» Repase el abecedario escribiendo las letras en la pizarra. Señale y diga cada letra. Los niños repiten.

2. SEÑALA Y DI.

» Señala cada letra y diga su sonido. Los niños repiten. Repita de nuevo esta dinámica. Después, señale cada imagen y diga la palabra. Los niños repiten.

3. TRAZA.

» Diga cada letra y haga que los niños tracen las letras en sus libros o en el aire mientras repiten.

4. COLOREA.

» Pida a los niños que coloreen las imágenes.

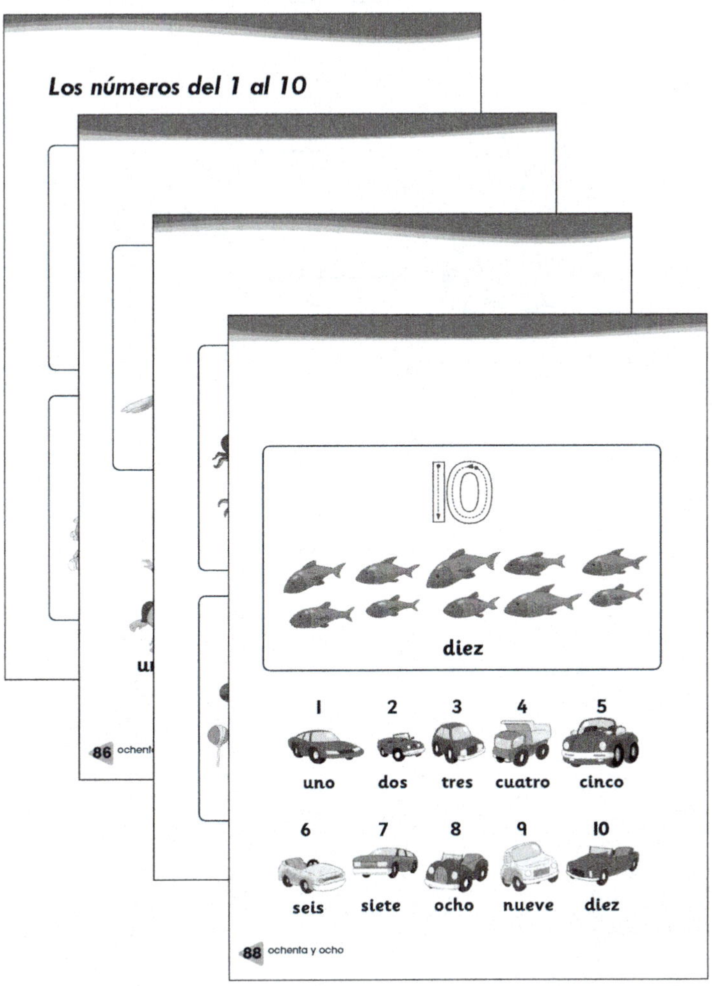

Los números del 1 al 10

OBJETIVOS

» Revisar los números *1 – 10*.
» Desarrollar la psicomotricidad fina.

VOCABULARIO

1, 2, 3, 4, 5, 6, 7, 8, 9, 10.

CUADERNO DE ACTIVIDADES PÁGINAS 85-88

1. ESCRIBE.

» Repase los números del 1 al 10 en la pizarra. Señale y diga cada número. Los niños repiten.

2. SEÑALA Y DI.

» Cuente los objetos que aparecen en las imágenes y señale cada número. Los niños repiten. Repita de nuevo esta dinámica.

3. TRAZA.

» Diga cada número y haga que los niños tracen los números mientras repiten.

4. COLOREA.

» Pida a los niños que coloreen los números que han trazado.

Test unidad 1

1 Une.

Ana

Pablo

Beni

Sara

2 Escribe.

 ___ **rena**

 ___ **oca**

 ___ **vión**

 ___ **urro**

3 Une.

uno

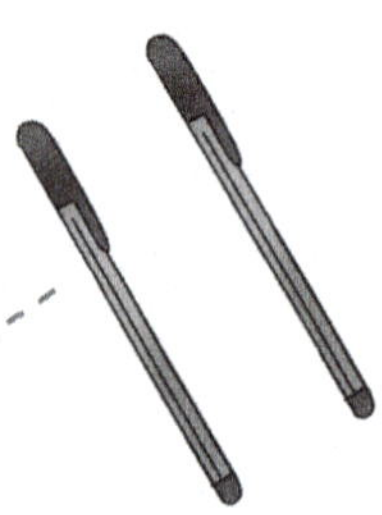

2

dos

1

Test unidad 2

1 Une.

papá   mamá   hermano   abuela

2 Escribe.

___aja

___edo

___irco

___ado

3 Escribe y rodea.

cuatro   4

tres   ___

Test unidad 3

1 Rodea.

colorear dibujar jugar leer

cantar hablar escribir

2 Escribe.

___lefante

___oca

___spejo

___resa

3 Escribe y une.

tres 3 cinco ___ cuatro ___

Test unidad 4

1 Rodea.

  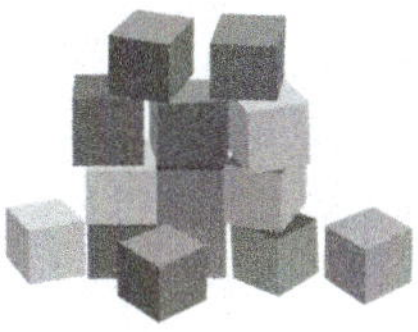 

globo cubos barco coche

robot muñeca peluche yoyó

2 Escribe.

 ___ato

 ___ormiga

 ___usano

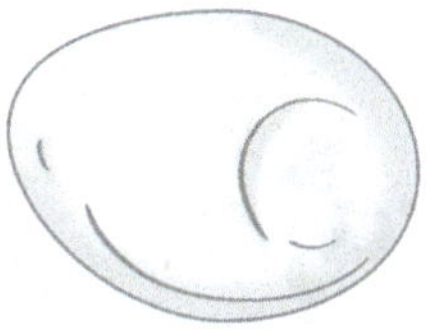 ___uevo

3 Cuenta. Escribe el número y la palabra.

cuatro cinco

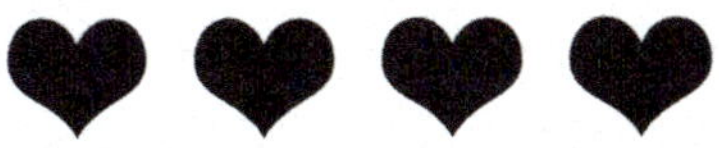 ___ cuatro

 ___ ___

Test unidad 5

1 Une.

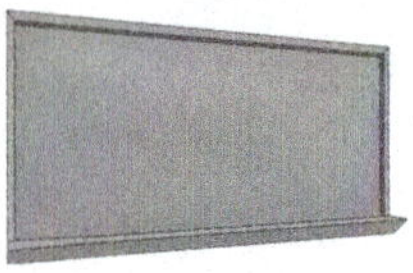

mesa papelera silla pizarra

2 Escribe.

_sla

_aula

_irafa

_iwi

3 Escribe y une.

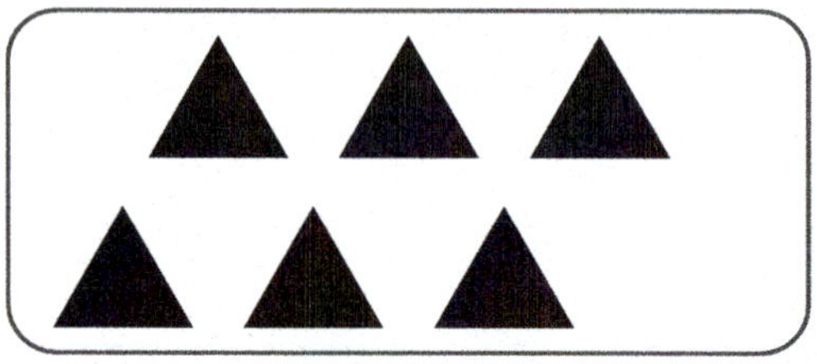

_ seis

_ siete

Test unidad 6

1 Rodea.

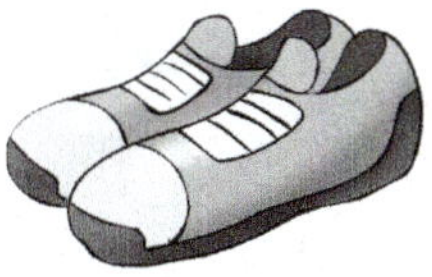   

zapatos **camisa** **chaqueta** **vestido**

calcetines **falda** **pantalones**

2 Escribe.

 **ni___a**

 **___aranja**

 **___ono**

 **___imón**

3 Escribe y rodea.

ocho 8 

nueve ___ 

Test unidad 7

1 Mira y escribe.

vaca	conejo	~~gallina~~	caballo	sol

gallina ______ ______ ______ ______

2 Escribe.

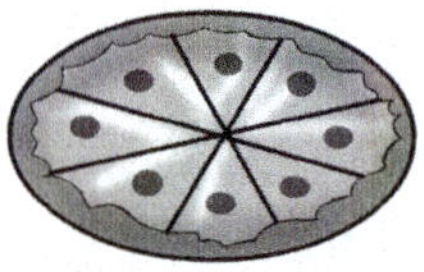 ___izza

 ___so

 ___ueso

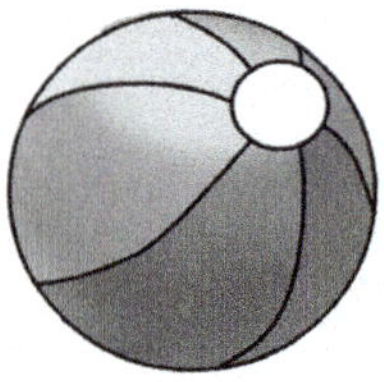 ___elota

3 Cuenta y escribe.

~~ocho~~	nueve	diez

ocho ______ ______

1 Une.

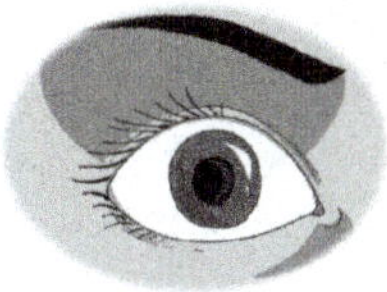

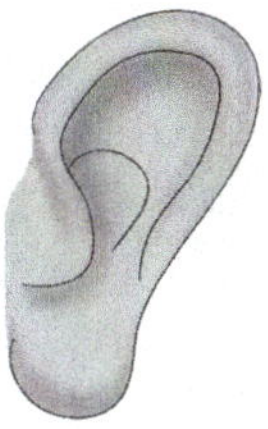

ojo   boca   oreja   cabeza

2 Escribe.

___ren

___aza

___ombrero

___eina

3 Une.

siete   10   

diez   8   

ocho   7   

Test unidad 9

1 Escribe ✓ o X.

☐ ☐ ☐ ☐

agua **plátano** **zanahoria** **pan**

2 Escribe.

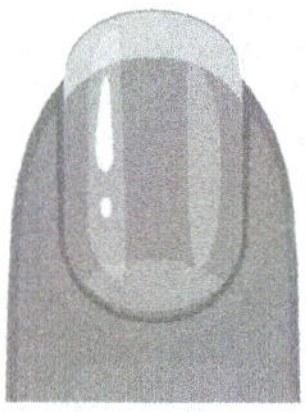 ___**ña**

 ___**entilador**

 **ki**___**i**

 ___**va**

3 Lee y rodea.

cinco	5	7	9
dos	8	6	2
nueve	4	3	9

Test unidad 10

1 Escribe.

lanzar	~~dar una patada~~	montar en bici	subir

dar una patada ______ ______ ______

2 Escribe.

 fle___o

 ___orro

 ___ogur

 a___ul

3 Escribe el número y une.

nueve	seis	diez	ocho
9	______	______	______

  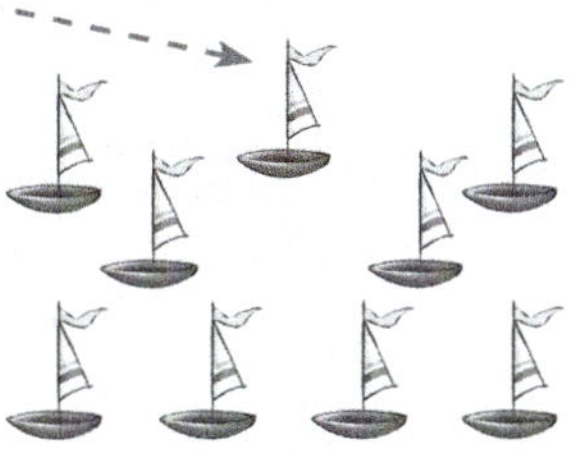 

Test unidades 1 - 5

1 Escribe.

~~gusano~~	foca	burro	jaula	elefante	insecto

gusano

2 Une.

peluche

colorear

planta

Carlos

globo

abuelo

3 Cuenta y escribe.

7

4 Lee y escribe.

cuatro 4

uno

cinco

tres

dos

seis

5 Rodea.

3 + 4 =

6 7

2 + 1 =

2 3

4 + 1 =

5 6

Test unidades 6 - 10

1 Escribe las letras.

m v p r z w y l

ki___i

___orro

___ogur

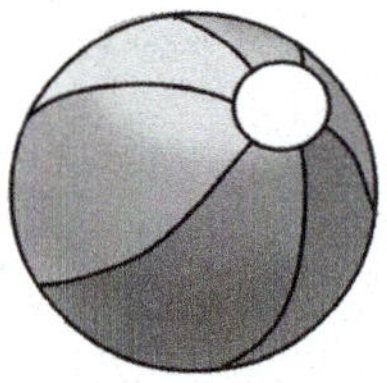

___elota

___ono

___aso

___eina

___eón

2 Rodea la palabra correcta.

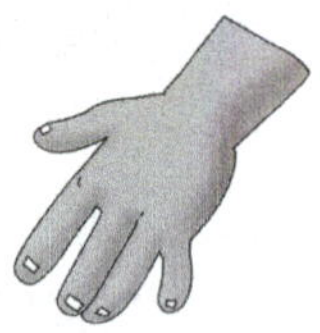

cabeza
mano

tomar
nadar

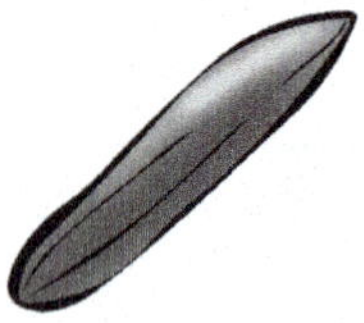

pepino
tomate

conejo
oveja

camisa
falda

pan
agua

3 Une.

7 + 3 =	6	nueve
3 + 2 =	8	seis
3 + 3 =	9	siete
8 + 1 =	10	cinco
2 + 5 =	7	ocho
5 + 3 =	5	diez

4 Escribe el número que falta.

____ 4 ____ ____ 7

____ 9 ____

LISTA DE FONÉTICA Y DE VOCABULARIO

Unidad 1

Ana
Beni
Carlos
Juan
Lola
Pablo
Sara

arena
avión
boca
burro

Unidad 2

abuela
abuelo
hermana
hermano
mamá
papá
tía

caja
cebra
circo
cometa
dado
dedo

Unidad 3

cantar
colorear
dibujar
escribir
hablar
jugar
leer

elefante
espejo
foca
fresa

Unidad 4

barco
coche
cubos
globo
muñeca
peluche
robot
yoyó

gato
gusano
hormiga
huevo

Unidad 5

dibujo
mesa
papelera
pizarra
planta
silla
ventana

insecto
isla
jaula
jirafa
kárate
kiwi

Unidad 6

calcetines
camisa
chaqueta
falda
pantalones
vestido
zapatos

león
limón
mano
mono
naranja
nariz
niña
niño

Unidad 7

caballo
conejo
gallina
hierba
oveja
sol
vaca

esquí
ocho
oso
pelota
pizza
queso

Unidad 8

boca
cabeza
mano
nariz
ojo
oreja
pierna

correr
reina
saltar
sombrero
taza
tren

Unidad 9

agua
bocadillo
pan
pepino
plátano
tomate
zanahoria

kiwi
uña
uva
vaso
ventilador
windsurf

Unidad 10

dar una patada
golpear
lanzar
montar en bici
nadar
subir
tomar

azul
flexo
taxi
yogur
yoyó
zorro